愛在起跑線

——成長黃金期的21個育嬰法

陳美齡、陳曦齡 著
AGNES CHAN HELEN CHAN

前言

有很多父母都希望兒女們「贏在起跑線」。

究竟「起跑線」是在哪裡呢？

我認為，應該是從媽媽開始懷孕的時候至嬰兒出生後十二個月為止。

新生命是希望，是未來。

我們通過新生命來創造人類美麗的夢想。

每一個嬰兒誕生的時候，都遺傳了獨特的可能性和潛質。

但是否可以把可能性和潛質發揮出來，視乎照顧者的行為。

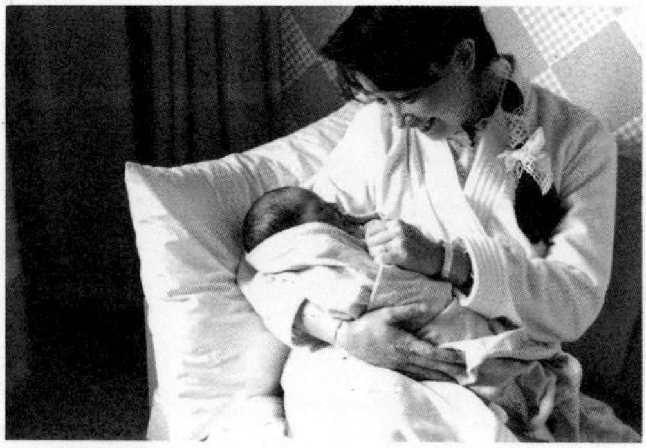

通過這本書，我們並不是邀請爸爸媽媽去參加比賽，讓自己的子女「贏在起跑線」，而是希望年輕父母能去「愛在起跑線」。

因為「愛」才是最重要的育兒因素。

父母的愛和關注會對兒女的一生有決定性的良好影響。反過來，得不到愛和關注的嬰兒，一定會「輸在起跑線」。

不是輸給別人，而是輸給自己。

父母可以幫助子女成功，也可以引致他們的失敗。

在起跑線上，要用愛心為子女建築

一個鞏固的基礎。千萬不要因為疏忽，而令子女失去步往成功的基本條件。

除了父母之外，有很多嬰兒是由受託者照顧的。寫這本書其中一個目的，就是希望他們也能學會照顧嬰兒的知識，那麼嬰兒就可以正常的成長，得到「愛在起跑線」的恩惠。

為了令每一個新生命都能公平的成長，教導父母和受託者如何去照顧新生兒是社會的責任。

嬰兒長大後是否能得到一個滿足和幸福的人生，從懷孕到十二個月，我們究竟可以為新生命做些什麼呢？又不應該做些什麼呢？

本書是針對這段時期育兒的基本知識，希望能給你育兒的信心。有了這些知識，就可以幫助你照顧孩子的時候減低壓力和煩躁，令到育兒的過程變得更輕鬆愉快。

我以熱愛教育和兒童心理的學者的身份來編寫這本書。更邀請了我姐姐、小兒科和熟悉敏感疾病的陳曦齡醫生，為我們回答重要的問題和作出珍貴的啟示。

我恭喜所有父母，能擁有當爸爸媽媽的機會。

我也鼓勵受託者用愛心和關注去照顧新生兒，令他們能得到一個幸福美滿的人生。

希望這本書能成為你的伴侶，陪你度過充滿挑戰性和驚喜、養育新生兒的旅程。

第一部

新生命

BRAND NEW LIFE

生命是人類最偉大的創造物。
每一個小生命都是獨一無二，與別不同的。
生命誕生的瞬間，在小生命前，
人會覺得渺小、敬畏，為奇蹟而驚嘆。
父母的愛如小舟，
載著小生命漂向廣闊的人生汪洋。
沒有小舟，無論創造物有多偉大，
也對抗不了巨浪。

01

迎接小生命

EMBRACING A NEW **LIFE**

生命的起源是從媽媽的肚子裡開始的。

當媽媽的卵子和爸爸的精子結合起來時，生命的奇蹟就誕生了，飛速的成長起步了。

就如我們迎接貴賓一樣，迎接小生命，需要在他來臨之前作好準備。

首先要問一問自己和伴侶幾個重要的問題：

我們願意迎接一個新成員到家裡來嗎？

我們有資源和能力可以培養一個小生命嗎？

我們願意承擔這個責任嗎？

我們會用愛心全力的去照顧這小生命嗎？

我們會有其他人支持我們完成這個重要的任務嗎？

若以上問題的答案都是正面的話，那麼你就可以開始準備迎接小生命了。

若有負面答案的話，那麼可能你還未達到迎接小生命的條件，不要急著懷孕。

聯合國兒童基金會指出，小生命誕生後的頭一千日，可以影響他的一生，包括健康、學習能力，甚至收入和幸福。

也就是說，當父母的，要從懷孕開始考慮如何培養小生命，令他有一個美好和健全的成長基礎。

懷孕開始之後，媽媽就是胎兒命運的主宰。

媽媽吃的、吸收的、想的、感受的、行動的，全部都會直接影響胎兒的一生。

做好心理準備

人往往會被思維影響行動和心態，所以把自己的感受和想法整理清楚是很重要的。

「我懷孕了！要當媽媽了！我應該如何去接受這個現實呢？」每一個新媽媽得知懷孕後，都會感到又喜悅又驚慌。

不要擔心，先讓自己讚嘆一下緣份的奇妙。

你和伴侶在數十億人之中找到彼此，這個緣份太珍貴了！感恩。

你和伴侶決定共同創造新的未來，而你成功懷孕了。這個緣份差不多是奇蹟！感動。

恭喜一下自己和伴侶的運氣吧！

拿起你伴侶的手，放在肚子上面，向肚子裡面的小生命作出承諾：「我們會愛你，保護你，養育你。會盡全力去協助你得到一個幸福美滿的人生。」

不要忘記這份幸福的感覺，因為正能量能幫助你們克服困難，抵抗疲累，把難關變成挑戰，把失敗變為成功。

這份快樂的感覺，將是你們覺得最辛苦的時候的解勞良藥，最迷惘的時候的燈塔，最氣餒的時候的強心針。

作好心理準備後，就可以向又快樂，又緊張，又曲折，又感人的育兒旅程出發了。

應該吃的，不要吃的

若小生命是種子的話，媽媽的身體就是土壤。

肥沃的土壤才能培養強壯的生命，所以媽媽要把身體調理好，讓小生命能在最佳的環境中成長。

媽媽吃什麼，胎兒就吸收什麼，所以要特別小心。

首先，要多吃有營養的食物，盡量避免吃刺激性的東西，如化學添加品、煙、酒、咖啡、茶，都宜避免。

中國人說要避免吃「涼」的食物，如西瓜、青瓜、凍飲、生的蔬菜等等。要多吃「溫和」和「正氣」的食物，如雞肉、豬肉、牛肉、雞蛋、牛奶、米飯、豆類等等。

少吃零食和太甜、太油膩的糕點，選擇營養價值高的補品，如鮑魚、帶子、燕窩、魚翅等等。如果有敏感體質的話，請暫時避免吃燕窩。

煎炸食物也要少吃，以免對消化系統帶來太大的負擔。

更要重視保持食物衛生，避免中毒。不要吃容易腐壞的食物，或生的肉食和魚生。

每天盡量攝取五大營養素：碳水化合物、蛋白質、脂肪、礦物質和維生素。

有吸煙和飲酒習慣的媽媽，應先戒掉才懷孕比較好，因為煙酒會傷害胎兒的成長，甚至影響內臟和腦袋的發展，酗酒的媽媽有可能會誕下畸胎。媽媽要盡量以健康的身體懷孕，不要把有害的物質傳給無辜的小生命。

保持健康

懷孕早期，有些媽媽會覺得身體不適。不要慌張，這慢慢會平復下來。若情況特別嚴重的話，應找醫生商量。

盡量保持心情愉快，晚上確保充足的睡眠。

懷孕之後不要減肥，要攝取適當的營養。吃多了不要整天坐著，要做適當的運動。但盡量避免過度激烈，以免傷害胎兒或自己。

留意要定期接受醫生的診斷，確保母子健康。

懷孕期間，若社會中出現流感或疫症，孕婦要特別小心，不要到人多混雜的地方，做好所有預防措施。

不要過度憂慮

懷孕期間不要過份憂慮。

因為媽媽感到壓力的時候，身體會隨之而反應，分泌出壓力荷爾蒙。長期的憂慮會令媽媽產生高血壓，身體容易發炎，影響胎兒的成長。研究指出，在高壓之下懷孕，容易引致早產或體重過輕的嬰兒。更有學者指出，這甚至關係到嬰兒長大後的行為問題。

所以不要太憂慮，要多為自己減壓，大事變小，小事變無。看開一點，做一個快樂的孕婦。

當然每一位孕婦的情況都不同，有些人懷孕的時候，是最開心、快樂和健康的。但對有些人來說，懷孕是一個大挑戰，身體會不適，情緒不穩定。

所以孕婦身旁的伴侶，要鼓勵和小心關懷另一半，讓她能有一個平安和愉快的懷孕期。

02

誕生前的準備

PREPARATIONS BEFORE **BIRTH**

在我的記憶中，為將要誕生的小生命作準備，是一段非常幸福的時間。

去購買嬰兒用品，看到各種各樣可愛的衣服、床鋪……一邊在想什麼最適合自己的品味，另一方面學習什麼最適合新生兒的需要。

在家裡為嬰兒準備生活的空間時，想像新的開始，心中充滿期待，但又怕做得不好。

肚子一天一天的大起來，心情也越來越興奮，好像快要接受一份禮物，但又不太清楚如何去珍惜這份禮物。

那種心情，只有孕婦才能明白。

為減低大家的困擾，現在讓我們看一看最基本的安排，要為嬰兒準備些什麼。

清潔的環境

嬰兒需要有一個清潔的環境。

把家居來個大掃除，把塵埃吸掉，窗戶洗乾淨，徹底消毒一下，不需要的東西、不乾淨的雜物都丟掉，才帶嬰兒回家。

希望能做到一塵不染，可以深呼吸的狀態。

若能找到一個有陽光的地方放搖籃，空氣流通的地方放嬰兒的睡床，是最理想的。

嬰兒的來臨是一個新的開始，最理想的居住環境不是任何高級家具，而是衛生安全的空間。

第2章

問問醫生，嬰兒衛生有什麼注意點？

醫生說

三十多年前，香港人的衛生意識並不太高，那時我們要求家屬探望初生兒時要洗手，戴口罩，穿保護衣，有時候都會遇到困難，我們要費不少唇舌，才能說服親戚朋友穿保護衣，以保護新生兒不受感染。

今天，經歷過二〇〇三年的「沙士」和今年的新冠肺炎疫情後，大家對保持衛生的意識都提高了不少，為新生兒穿保護服已經沒有人會抗拒。

新生兒的免疫系統非常脆弱，所以照顧者都要特別注重衛生。

先在新生兒的房間裡放幾件保護服，讓照顧者洗完手穿上，再戴上頭套和口罩，才接觸嬰兒。保護服每天都要替換，用熱水洗。

新生兒所有衣服都要用熱水（六十度以上）洗乾淨，才可以給嬰兒穿，布尿片也一樣。也可以選用一次性的尿片。

所有嬰兒使用的器具都要消毒，最好用沸水，也可以用安全的化學消毒用品。

嬰兒三個月後，免疫系統比較強壯，接觸他時已經不一定需要保護服，只要乾淨就可以了。從街外回來，換件衣服再抱寶寶是好習慣，不要把外面的病菌傳給寶寶。

很多人喜歡親親寶寶的臉，其實最好可免則免，因為很多寶寶就是這樣感染了皰疹而不知。

衣物

視乎嬰兒誕生的季節，要準備的東西也有點不同，但基本上需要的有：

- 內衣（4至7件）——因為新生兒的頭頸很柔軟，所以不要選擇「過頭笠」，在胸前扣上的「和尚服」比較容易穿著。
- 睡衣（4至7件）——睡袍形式的適合新生兒。
- 連體衣（4至7件）——夏天準備短袖，冬天準備長袖長褲。
- 褲子（4至6條）——連襪子的比較好。
- T恤（4至6件）——包屁股的連體T恤，以免嬰兒肚子著涼。
- 毛衣（3至4件）——選擇柔軟的、胸前扣的。
- 外衣（2至4件）——如果嬰兒冬天出生，則需要準備多幾件。

・手套（3對）—防止嬰兒亂抓時刮傷自己面孔。

・襪子（4至7對）—因為嬰兒還不會走路，基本上是保暖用。

・圍巾（5塊）—吃奶粉的嬰兒需要準備多一些。

・帽子（3頂）—冬天為保暖，夏天可防曬。

・毯子（3至5條）—有厚有薄，方便不同時候使用。

・嬰兒包裹布（4至5條）—有些父母喜歡將新生兒包起來。

・泳衣（1至2件）—新生兒其實還不需要穿，是為長大一點時備用的。

・嬰兒用洗粉—為嬰兒洗衣服時，請用嬰兒專用的洗衣粉，刺激性較低。

・鞋子（1至2對）—新生兒的鞋子只是裝飾，有很多父母會給嬰兒穿，然後留作紀念。但當孩子能站起來走路時，請小心選擇適合小腳的嬰兒鞋，應該是輕的、防滑的，最理想是真皮造的。

家具

· 嬰兒床—要符合各種安全標準。
· 床褥—要有一定硬度，而且與床之間沒有空隙。與大人一起睡時也一樣。
· 床單（4至6張）—要和床褥貼服，否則嬰兒有窒息的危險。
· 防水床墊（3張）—嬰兒尿床的時候可以保持床褥乾爽。
· 換片枱—準備一個架子可供把換片用品排好，方便需要的時候使用，而且比較衛生清潔。若不是專用的操作枱，也可以用桌子等代替，但一定要小心不要讓嬰兒掉下。

· 嬰兒高腳椅——開始吃其他食品的時候使用，需要坐得安全。

換片用品

· 紙尿片（2至3箱）——市面有很多產品，可以看看哪一種最適合你的嬰兒。

· 布尿片（15至20條）——是紙尿片以外的選擇，同時需準備內褲5至10條。

· 棉花球——用來清潔屁股。

· 嬰兒濕紙巾——用來清潔屁股，若不適合嬰兒的皮膚，可以用清水和肥皂。

· 潤膚藥膏——嬰兒皮膚乾燥時用。

・尿片袋——帶嬰兒出街時的必需品。

餵奶用品

・奶樽（8至10個）——家裡用玻璃製，外出才用塑膠，盡量少用塑膠產品。
・奶嘴（8至10個）——選擇奶嘴的方法，請參考第10章。
・洗奶樽刷——不能用一般刷子，要準備洗奶樽專用的產品。
・洗奶樽盤——不能與大人的盤共用，必須分開。
・奶瓶消毒器——保持清潔最重要。
・暖瓶器——把奶維持在最適合嬰兒喝的溫度。
・奶粉——詳細請參考第10章。

母乳用品

· 吸奶器——媽媽不能在嬰兒身邊餵奶的時候，可以先把母乳吸出儲藏，讓其他照顧者代勞。詳細請參考第9章。

· 儲奶袋——儲藏母乳的袋。

· 母乳墊——墊在胸圍與胸部之間，防止母乳弄濕衣服。

· 餵奶小枕頭——餵奶的時候，放在嬰兒與大腿之間，讓嬰兒的嘴剛好到達媽媽的胸部，可舒舒服服的吃奶，媽媽也不會太疲倦。

· 乳頭潤膚膏——媽媽的乳頭容易乾燥，餵奶之後可抹一點。

· 棉花球——把乳頭抹乾淨才餵奶。

· 消毒藥水——消毒乳頭用。

· 母乳胸圍——餵母乳用的胸圍，可以從前邊打開。

洗澡用品

- 嬰兒浴盆—準備一個嬰兒專用的小浴盆。
- 嬰兒洗髮精、沐浴露—嬰兒皮膚幼嫩，要選用刺激性較低的產品。
- 嬰兒浴巾（3至5條）—多數產品都是連帽子的，很方便。
- 小毛巾（10至15條）—洗澡時用的柔軟小毛巾。

其他

- 嬰兒指甲刀、剪刀—嬰兒的指甲非常脆弱，但因為他們會用手摸面孔，若果指甲長的話，可能會刮傷。所以一定要保持嬰兒的指甲短和清潔。

・探熱針—嬰兒容易發燒，這是值得的投資。嬰兒的正常體溫比大人高，所以不需要太驚慌，但若高達三十八度以上的話，可能就是發燒了。

・梳—因應你的嬰兒頭髮多少，梳子不一定是必需品。但市面有很多可愛的小梳子，為你的嬰兒準備一把，也是一個樂趣。

・嬰兒汽車安全座椅—帶嬰兒坐車的時候，一定需要安全座椅。市場上有很多款式，但最重要的標準是安全。有些款式可以用到四、五歲，比較經濟。

・嬰兒車—因為我很多時都是抱著我的孩子，所以雖然有嬰兒車，但其實不太常用。但若果你有多過一個小朋友的話，嬰兒車可讓其中一個孩子乘坐。無論用途多與少，嬰兒車也是必需品之一。

・救急箱—每一個家庭都應該有，有嬰兒的家庭就更加需要。

準備好消毒藥水、紗布、平常用的藥物等等。

・玩具——選擇嬰兒玩具要非常小心，因為他們常常會把玩具放進口裡，所以購買的時候要特別注意是否包含有害成份，也要確保是不容易吞下去的才買。

・媽媽袋——帶小朋友上街時的必需品，裡面有放奶樽、換片巾等的空間。選擇一個你喜歡的袋子，會令你和嬰兒外出時方便很多。

・嬰兒揹帶（1至2條）——有很多款式，有可以在胸前抱的，也可以在背在後面；也有男女通用的，所以爸爸也可以用。我喜歡孭帶，因為做家務或出外的時候可以用雙手做其他事，不需要放下孩子，不用擔心安危。多買一、兩條，可以換洗。

03

欣賞新生兒的奇妙

APPRECIATE THE **WONDERS** OF NEWBORNS

小孩子誕生了，自己當父母了。

但其實一般人對新生兒的了解，究竟有多深呢？

新生兒是很奇妙的，有很多出乎意料的有趣之處。

讓我們一起好好認識，面前的新生兒。

新生兒剛出世的時候，看起來不一定很可愛。

有皺紋，皮膚紅紅的，眼腫腫的。有些時候還有紅斑。頭的形狀也不一定是理想的圓形……但不要驚慌，這些情況都是正常的，很快就會改變。

請記著，孩子在胎盤內成長了九個月，經過很窄的產道來到世上，身體需要習慣這個要呼吸空氣的環境，衝擊是非常大的。所以當父母的，要盡全力讓孩子適應新的世界。

其實孩子生來已經有很多反射能力幫助他生存，讓我們去了解一下。

·吸吮能力——首先，嬰兒生下來就有吸吮能力。這是哺乳類動物生存的反射功能。只要你放東西在他的口裡，他就會開始吸吮，而且會在幾天之內慢慢學會一邊吸奶一邊呼吸。

·反射轉頭能力——你碰一下新生兒的臉孔，他就會向那方向轉頭。這也是反射能力，幫助他尋找媽媽的乳頭。餵奶時，只需碰碰他的臉，他就會自然的轉頭，配合媽媽的胸懷，是很可愛的。

·小小的胃——嬰兒的胃非常細小，和核桃一樣大。因為很容易就會填滿細小的胃，所以他們需要吃很多頓奶。每一個嬰兒的胃口都不同，媽媽要配合孩子的要求。

·胃氣——新生兒需要你幫他把胃氣打出來，因為他未有能力打飽嗝。抱起他，把小頭放在自己的肩膀，輕輕拍他的背，慢慢向上掃，幾分鐘內嬰兒就會把氣從口中打出來。不把氣拍出來的話，嬰兒可能會吐奶，若在睡覺中出現這種情況的話，可能會令他窒息，十分危險。

·有點遠視——新生兒的視力，可以看見離他約八至十五吋的事物，剛好是他在父母的懷抱中，看得見父母臉孔的距離。但因為他還未能控制眼睛的肌肉，所以有一些時候會好像是「鬥雞眼」，很有趣。再過幾個月，嬰兒學會了控制眼睛的焦點，鬥雞眼的情況就不會再出現。

·天使的笑容——世上所有物種中，只有人類的嬰兒會笑，其他動物的嬰兒是不會笑的。嬰兒的笑容是世界上最美麗的東西之一。最初是沒有聲音的笑容，但到某一天，會突然間放聲笑出來！聽到那笑聲，育兒的煩惱立即掃清，是人生的一件大樂事。

・打噴嚏—初生嬰兒每天都會打幾個噴嚏，目的是利用這個動作清潔鼻孔，所以父母不用驚慌，並不是著涼。

・水中能力—新生兒在水中，會自然停止呼吸和減慢心跳。因為在子宮內，其實他是活在水中的。但這個功能在幾個月之後就會消失。

・骨頭特多—嬰兒剛出生時，骨頭的數目會比大人多，有三百塊，比大人多九十四條。但因其中有些骨頭在成長期間接合起來，所以長大後，骨頭的數目比出生的時候少。

・胎毛—嬰兒出生後，會脫掉所有出生時的頭髮，但只需幾個月就會長出新髮。身體上胎毛也會脫掉。

・大頭—嬰兒的頭特別大，大約佔身體的四分一，而大人的頭只是身體的七分一，所以每個新生兒看來都是頭大大的。

·大眼睛－－嬰兒的眼睛看起來也特別大，剛出生時的眼睛，已有長大後的四分三那麼大，所以特別可愛、趣怪。

·認臉孔－－新生兒喜歡看人的臉孔，對時常看到的臉孔，他會覺得親切，有反應。所以盡量向你的嬰兒笑，多給他看你的臉孔，培養親子感情。

·節奏感－－嬰兒有節奏感，喜歡重複的節奏，所以他們喜歡聽音樂、聽歌，喜歡被人抱著慢慢跳舞。

·嚇自己－－新生兒會用小手抓你的手指，也會動手動腳，這都是生下來的反射動作。有些時候他們會因為雙手突然打開而嚇到，所以有些國家的傳統，喜歡用布把新生兒包起來，讓他們安心睡覺。

·聽得到－－新生兒聽覺發達，可以認出熟悉的聲音。所以時常和你的孩子說話、唱歌，那麼你的聲音就能安慰他，帶給他安全感。

・嗜睡—新生兒每天需要睡二十小時。但不連續，每次只能睡二十分鐘至四小時。到三個月左右，一般嬰兒都能在晚上睡六至八小時。有關嬰兒的睡眠，詳細請參考第11章。

・哭泣—新生兒哭泣的時候，大多數是因為肚子餓和不舒服。但哭是自然的，也是他們唯一向我們傳達信息的方法。因為嬰兒不能走動，也未懂說話，所以只有大聲哭起來，才能令人注目。有關嬰兒的哭泣，詳細請參考第12章。

其實嬰兒能健健康康的誕生，當父母的已應該非常感恩。

若你的嬰兒出生時有先天性疾病，請你不要太慌張，順從醫生的指示，用愛心和耐心去照顧你的嬰兒吧。

要照顧健康的嬰兒已經不容易，要照顧天生有疾病的嬰兒，對父母來說，更是重擔。

但每一個小生命誕生來世上，都是有他們存在的原因。所以不要太憂慮，享受能和你的嬰兒度過的每一天吧。

記住，不要自己一個人擔憂，社會上有很多人願意幫助你的。覺得壓力太大的時候，不要猶豫去求助。

第二部

成長圖

GRAPH OF GROWTH

嬰兒第一年的成長是「突飛猛進」的，
如一百米的跑步賽。
但比賽的對手不是他人，而是自己。
父母需要供給寶寶充足的能量、關注和愛護，
幫助他能達到自己的最高水準。
千萬不要把寶寶的跑步賽變成障礙賽。

04

身體成長

PHYSICAL DEVELOPMENT

新生兒的身體成長得特別快，父母要留意孩子的身體成長過程是否正常。

看到嬰兒的成長，父母都會感受到嬰兒強大的生命力，和人體變化的驚人速度。

昨天的孩子，和今天的孩子已不同，對爸爸媽媽來說，是充滿驚喜的每一天。

請醫生為我們詳述這個成長過程吧！

問問醫生，嬰兒從零至十二個月的成長是怎樣的？

醫生說

人類成長最急速的階段，便是初生的第一年。

新生兒的體重會在三、四個月內翻一倍，到一歲時再翻一倍。身高從出生時的五十公分左右，到六個月的六十五公分，一歲的七十五多公分，差不多增加百分之五十。

嬰兒頭一年的樣貌天天都在改變，無論是臉龐、身體、四肢骨骼，都在急速生長，令人驚嘆。

寶寶的身高、體重和頭圍都需要經常量度，更要把資料跟同年紀的嬰兒生長曲線比較，看他的成長是否達標，又要考慮他的成長是否循著軌跡向上。這裡給大家展示香港嬰兒的成長曲線表，要是孩子的體重不增加，或頭不長大，或長不高，他可能是有甲狀腺低下症、小頭症或其他問題，要趕快看醫生。

平均體重（女嬰）

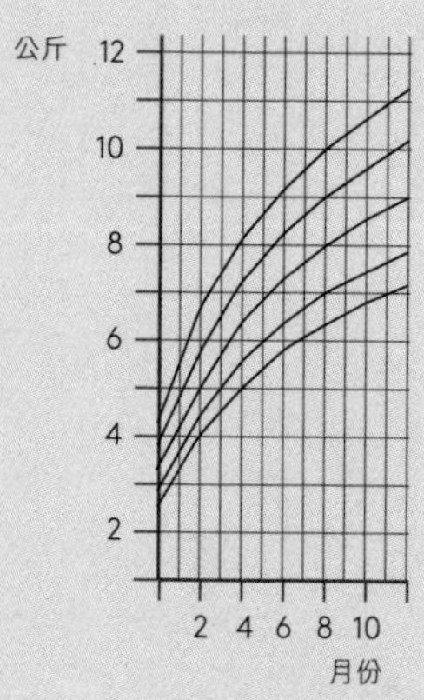

平均身高（女嬰）

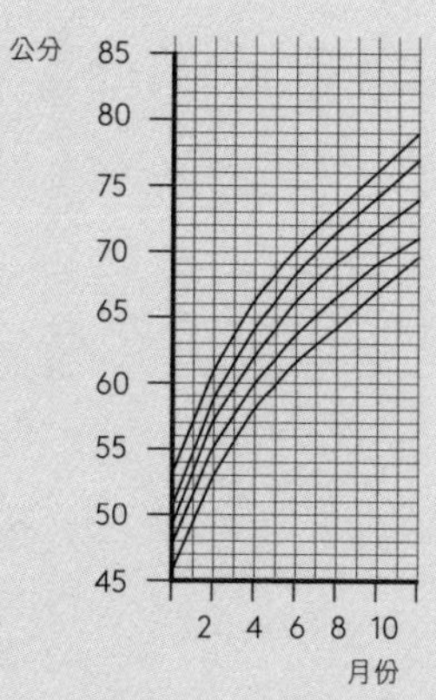

平均體重（男嬰）

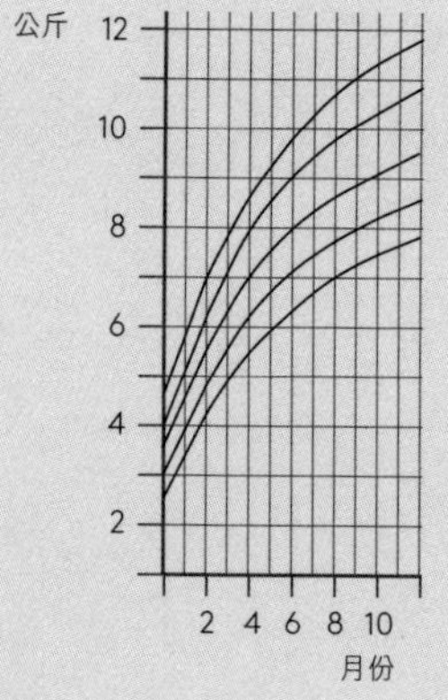

平均身高（男嬰）

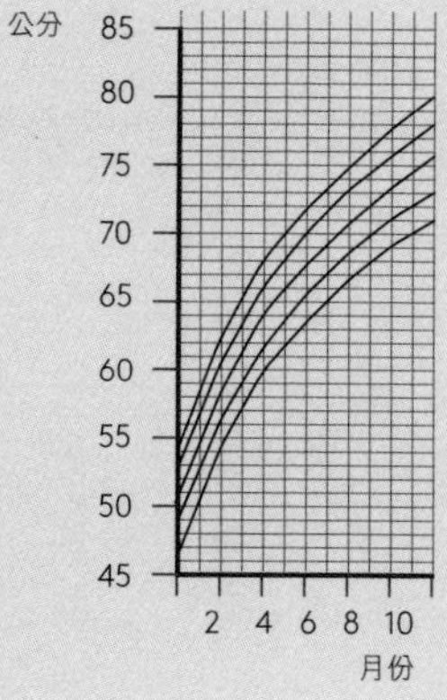

平均頭圍（女嬰）

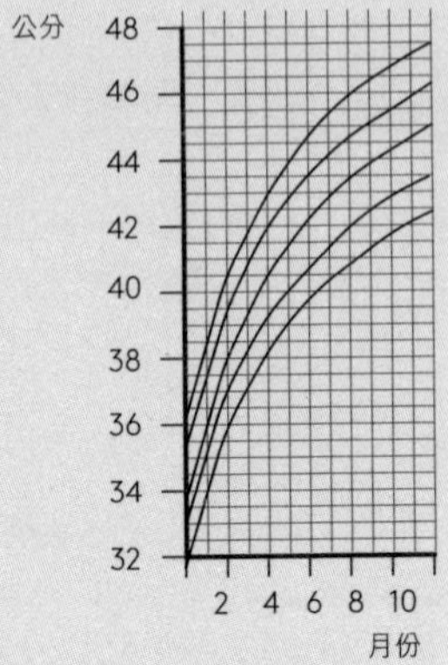

平均頭圍（男嬰）

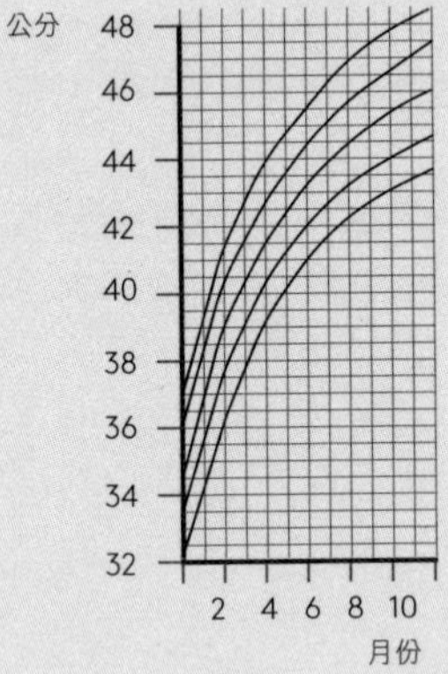

寶寶做得到的事情

零到一歲的寶寶，腦部發育也是非常快速的，他們在一年間能學到的實在是驚人。下面的表記錄了大部分他們在不同階段能做到的事情。

一個月	嬰兒趴著時，能短暫抬頭，會發出聲音。
兩個月	會微笑，是有意識的笑。
三個月	會大笑，是發出聲音的笑。
四個月	會翻身，躺著時能把頭抬起，用手抓東西。
五個月	能短暫坐起來，用手把玩東西，會對自己的名字作出反應而看上來、抬頭或轉頭。
六個月	坐得較穩，長第一顆乳齒，喜歡把東西放進嘴巴裡，喜歡玩捉迷藏。

七個月 坐得非常穩，可以把東西從左手轉到右手。

八個月 用肚子爬行，可扶著站起來，無意識的發出爸爸、媽媽的聲音。

九個月 用手和腳來爬行，扶著欄杆走幾步，擺手、拍手。

十個月 爬上爬下，可以坐小木馬，可以聽簡單的命令，自己拿奶瓶喝奶，用拇指和手指撿起小物件。

十一個月 獨立短暫站一下，用水杯喝水，自己吃東西，什麼物件都能撿起。

十二個月 獨立短暫走一兩步，有意識地叫爸爸或媽媽。

這些發展階段都是一般的情況，你的寶寶可以是快一點或者慢一點，每一個寶寶都不一樣，除非是太緩慢，否則不用太擔心。

真正要注意的是下面幾個問題。

肌肉問題

初生嬰兒的肌肉像棉花般柔軟，但幾個月後已變得強勁，頸能抬得起，手能抓東西，腰能坐得直。腿的肌肉到八個月，應該能支撐得起嬰兒的體重，可以扶著站起來。

如果孩子的肌肉一直都太軟，像一團棉花一樣的話，他可能是患上了遺傳的肌肉毛病，或者是腦部、脊髓有問題，要趕快就醫。

如果孩子的肌肉沒有問題，但是他偏偏站不起來，他可能是先天性髖關節脫臼，只要早點就醫，就不一定需要做手術都可以治癒。

囟門問題

新生兒的頭蓋骨較軟，有時還有間隙，因為骨片還沒有合併起來，稱為囟門，那是正常的，不用害怕，過幾個月就會合起來。囟門新生時很大片，有時會看到有脈動，也是正常的，隨著年齡會縮小，到十八個月左右便會消失。如果囟門越來越大，間隙也越來越大，頭也是比較大的話，孩子可能是患腦積水，要趕快看醫生，可能要動手術把積水疏導，否則腦細胞會受到永久的傷害。

視力問題

初生兒已經看得到東西，不過，因為他們都是遠視的，看近距離的人臉會不清楚。大多的初生兒都是閉著眼的，測試他們視力要有點技巧，最好是用人臉從左到右給他看，他眼睛能追著的話，就是看得到了。要是自己測不到的話，找醫生幫忙。

嬰兒眼部所有的肌肉協調、立體視、聚焦能力、視力，都是在六個月時已經發育好了，待到九個月後，問題就不容易解決。所以，要是發覺嬰兒側著頭看東西，可能是有懶惰眼或斜視，這些都有可能形成弱視，要趕快去看眼醫。

即使沒有發現什麼，最好還是在嬰兒九個月前帶他去眼醫檢查一次。

聽力問題

新生兒也能聽，用會發聲的小玩具在他們耳邊搖一下，看有沒有反應，有了就可以，但沒有也不代表一定聽不到，可以找醫生再測清楚。

到五個月，寶寶應該能夠聽到自己的名字作出反應，要是沒有反應，要看醫生，再測聽力。

反射問題

初生兒都有些反射行為，因為腦部發育未完成。如覓食反射，嬰兒可以自然地找到媽媽的乳頭；抓取反射，讓嬰兒能抓緊媽媽的手；還有莫羅反射，就是嬰兒突然失去平衡時，會有雙臂外伸，手掌攤開但背部拱起的反射動作。這些反射應該在六個月後都消失，如果仍然存在的話，可能是中樞神經系統有問題，要就醫。

微笑、發音問題

嬰兒的有意識行為，會隨著腦部發育而越來越多。六週左右，看見友善的人臉，嬰兒已懂得用笑來反應，是有意識的微笑。到十週左右，嬰兒已懂得發出聲來哈哈大笑。如果嬰兒三個月都不會笑，也發不出聲音，他可能腦部發育有問題，可能是自閉，也可能咽喉有問題，要早點就醫。

乳齒問題

寶寶長第一顆乳齒前，會有不安、流口水、牙痕、情緒不穩、晚上睡不好等問題，牙齒長出來後，所有這些問題都會消失，恢復正常。每一次長牙齒可能都會有同樣的問題，知道了就不用費心。

乳齒是要刷的，不過不需要用牙刷，用濕的布或紗布來清潔牙齒和牙肉就可以了。

簡單的說，嬰兒應該長出來的長不出來，應該能做的要是做不到，就要看醫生，不要等，早點看，早點解決。只要不耽誤，就不會做成永久的傷害。

05

社會和情感的成長

SOCIAL AND EMOTIONAL DEVELOPMENT

社會性動物

嬰兒在社會和情感的成長是非常重要的。

因為人類是「社會性動物」，不能獨自生存，需要與人溝通，互助互愛，才能得到一個幸福滿足的人生。

很多心理學家都指出，從誕生到十二個月為止，嬰兒能否得到關注，會影響他的一生。

所以我們要特別小心，觀察他們的社會和情感成長是否正常，也要在這個時期，用無限量的愛去保護和關注嬰兒。

嬰兒可否安心成長，關鍵在乎他能不能建立對人的信賴。

當嬰兒需要被照顧的時候，若旁邊的人能滿足他的需求，嬰兒就會開始建立信任。

例如需要吃奶的時候，媽媽會來抱起他餵奶。

需要更換尿布時，家人會及時來幫他弄乾淨。

哭泣時，有人會抱住他等等。

當嬰兒接收到旁邊人對他的愛和關注，很快就會學到如何去表達自己的要求，有信心不會被忽視，建立與他人的信任和聯繫。

嬰兒和家人之間的牢固聯繫，會令他們感到安全和有保障。

假如缺乏這種感覺，嬰兒會變得不知所措，隨時會哭泣，緊張，很難照顧。

和父母親密溫暖的肌膚接觸，對嬰兒來說非常重要。

通過與父母的聯繫，嬰兒才得到正常的社交和感情發展，若父母或照顧者給予細心的愛護，嬰兒就會變成一個快樂開朗的寶寶，樂於與人交流，讓照顧他的人也能分享到喜悅。

但若嬰兒在這期間得不到愛護的話，就會對他的心理成長有影響，也直接阻礙他社會和感情上的發達。

對人沒有信賴，對自己沒有信心，會令嬰兒在成長期間難以確立高度的自我肯定，影響他的學習能力和人與人之間的關係。

所以在這個期間，必須為嬰兒打好基礎，令他有一個安定和充滿愛的環境。

讓我們看看嬰兒在這個期間能達到的社會和情感成長。

當然每一個嬰兒的成長有快慢之分，但大部分的嬰兒應該可以做到以下反應：

眼神交流

嬰兒在出生後兩個月，會開始與其他人作眼神交流。新生兒還未能控制眼睛找到焦點，但再過一兩個月，就可以看到父母的眼睛，認識父母的臉孔表情。

這個時期，嬰兒需要有一張熟悉的臉孔，令他覺得安心。最理想的就是父母在他身邊，照顧他。若做不到的話，也要找一位能長時間照顧他的人，幫他建立這個聯繫。這個主要照顧他的人，就是嬰兒第一個信賴和灌輸感情的人，也可以說是他的初戀情人。所以當父母的，應該爭取成為嬰兒第一個愛上的人。

微笑和大笑

只有人類的嬰兒能以「笑」來表達喜悅，這是很難得的，要多多珍惜。

嬰兒很快就會微笑，大約在零至四個月之間。

「笑」是嬰兒喜悅的表現，得到身邊人的照顧，他就會感覺到安全和快樂。

嬰兒過了四個月，會發聲笑，那笑聲好像鈴聲，非常可愛的。

他看到有趣的事情時，會天真的大笑，眼睛也會亮起來。

父母每日保持開朗，多和嬰兒交流微笑，可以增長嬰兒表達喜悅的能力。充滿微笑和笑聲的家庭，有助嬰兒和媽媽分泌「快樂荷爾蒙」，從中得到滿足和幸福的感覺，增長母子之間的感情和愛。

有了這樣的相愛關係，育兒上的問題會大幅減少。

哭泣是本能

嬰兒出生後就立刻會哭。

哭泣是嬰兒的交流方法。肚子餓了會哭，尿片濕了也會哭，太熱會哭，太冷會哭，肚子痛了也會哭。

因為沒辦法真正明白嬰兒為什麼哭，新手爸爸媽媽都會覺得十分徬徨。但只要你留心聽嬰兒哭的方法，慢慢你就會知道他究竟在哭什麼。

當你明白他哭的原因，立刻給予適當的照顧，他哭的次數就會減少。

每一個嬰兒哭的狀況都不同，要看周圍照顧他的人如何反應。

但大部分的嬰兒，哭得最厲害是在個半個月至兩個月之間，其後會慢慢穩定下來。

當父母的可以想像一下嬰兒的立場。

走不動，說不出，完全倚靠旁邊的人來滿足自己的需求，唯一的表達方法就是放聲大哭！

但也不保證是否會有人來照顧自己，所以，最徬徨的其實是嬰兒，最難受的也是嬰兒。

真的要欣賞他的努力，愛護他。

嬰兒哭是自然的，不要怪他，反而要多理解他。

察覺危險

嬰兒從兩、三個月開始，在感覺到有危險的時候，會開始表現出警惕、驚慌的樣子。

例如突然聽到巨大聲響，或感到震盪，嬰兒都會因受驚而哭泣。這是表示他能察覺到周圍環境有異，也是他自我保護的本能。

若嬰兒突然聽到大聲也沒有反應的話，可能是有聽覺上的問題，要小心觀察。

興奮的情緒

嬰兒很快就會懂得期待別人的照顧，這是表示他能預期快樂的交流。

譬如當媽媽餵奶給他的時候，他會表現出興奮。看到喜歡的人時會張開雙手，要求被抱起。喜歡洗澡的嬰兒，看到媽媽準備幫他洗澡時，也會明顯的表達高興。

這些都是高度的感情表達，看到這種反應就能放心，你的嬰兒在社會和感情的發達上沒有問題。

發現自我

心理學家指出，到四個月左右，嬰兒會開始對自己有興趣。他會看自己的手腳，把手指腳趾放進嘴巴嘗嘗。

這個時期，和嬰兒一起看鏡子，他會有很有趣的表現，慢慢開始發覺自己和別人是不同的存在。

也就是說「自我」的觀念開始出現。這是非常重要的成長。有自我的觀念，也就是能明白他人的存在。這是社交能力的基礎。

表情十足

慢慢，嬰兒開始知道自己的表情會影響旁邊人的反應。他們開始顯示出不同的面部表情來表達感受，如快樂、憤怒、恐懼、驚奇等情緒。

嬰兒也喜歡大笑！這種笑並不需要什麼原因，可能只是看到媽媽準備幫他洗澡或餵奶時，表現出興奮的模樣。

也可能是你做一些動作，他覺得有趣，就會哈哈大笑。

有些嬰兒，感情特別豐富，看到媽媽哭了，會跟著流淚呢！很可愛的。

表情十足的嬰兒，往往會為旁邊的人帶來無限樂趣。

但有些嬰兒的表情會比較貧乏，這是不理想的。在太安靜的環境中成長，而照顧他的人又沒有多理會他的話，可能就會出現這種情況。

因此，沒有表情、不哭、安靜的嬰兒，並不一定是「乖」的嬰兒，反而可能是代表他缺乏社會和感情上的發展，父母要多留意。

對其他嬰兒感興趣

四、五個月的嬰兒，會對周圍的環境感興趣，特別是看到其他嬰兒的時候會有反應。

這就是交朋友的開始，也可以挑起他對人的好奇心，所以和其他嬰兒交流是一件好事。

回應自己的名字

從四、五個月開始，當你叫嬰兒的名字時，嬰兒會回應。

對父母來說，這是非常高興的一件事。一個什麼都不懂的嬰兒，變成一個知道自己是誰的寶寶。

嬰兒能辨認自己的名字，表示他明白每一樣事物都有名稱，這是與人交流和意思傳達的重要一步。

認得熟悉的人

從四、五個月開始，嬰兒會認得父母或是照顧他的人。看到熟悉的人物，或聽到他們的聲音，就會張開雙手，希望被抱起。

但當他看到陌生人的時候，就會警惕或害羞，甚至哭泣。這表示嬰兒能聰明地去分辨出人的臉孔，判別安危。

這個期間的嬰兒，當父母離開他身邊的時候，會感到恐懼不安，哭泣或要求人抱。

嬰兒更會開始有偏愛的人或不喜歡的人。這是好事，因為這是嬰兒的一種自衛行動，不要太擔心。

反而什麼人都喜歡、沒有警惕的嬰兒，你要教他辨認熟悉的人。

吮手指

過了幾個月，有些嬰兒會開始吮手指。

其實，這是一種安慰自己的行動，是控制情緒的方法之一。

在嬰兒睡覺之前，或疲倦的時候，都會看到這種行動。

隨時都有大人陪伴和互動的嬰兒，往往不會吮手指，因為有旁邊的人安慰他。

所以多點和嬰兒交流，盡量減少他寂寞的時間，那麼吮手指就不會成為一個大問題。

回頭找媽媽

嬰兒到八個月左右，會開始越來越大膽。當他開始學爬時，會主動離開父母去探險，但又會途中回頭尋找父母。

他會爬回來，確定你還在旁邊之後，再爬開去玩耍。這表現出嬰兒兩方面的成長：他有好奇心，和他知道如何去尋找保護。

你可以鼓勵他去探索新環境，但亦要給他一個「我在你身邊」的信號，好讓他能安心自由的去滿足好奇心。若你限制他的冒險，他會變得膽小，失去好奇心。所以在安全的情況之下，盡量讓他去探索新環境是好事。

與他人分享

嬰兒到八、九個月時，會開始願意分享食物或玩具。這是非常好的表現，所以當他分享給你的時候，請你多謝他、鼓勵他，讓他知道與人分享是非常好的事。

反過來，若他要強搶其他小朋友的玩具或食物時，你要告訴他不可以這樣做，否則他會變為一個霸道不講理的小朋友。

安慰和同情

從八、九個月開始，嬰兒在看到旁邊的人憂慮或流淚時，會表現出同情甚至安慰的反應。這表明他能明白其他人的感受，同情心就是這樣培養出來的。

你可以多點向他表達你的感受，譬如開心、失望、寂寞、痛苦等等。不妨誇張一點，讓他容易明白。這樣可以培養他對其他人的感受有興趣，助長他和其他人分享感受和情緒。

胡言亂語

嬰兒在出生後幾個月會開始「說話」，但並不是真的能把意思說出來，只是用各種聲音來表達自己。

寶寶的「胡言亂語」是學習語言的開始，多鼓勵他，多和他說話，耐心聽他的「胡言亂語」，幫助他找到適合的字眼，令他覺得父母喜歡和自己交談，可以幫助鍛練他的溝通技巧。

模仿他人

嬰兒其中一個學習方法就是模仿他人。

在這個急速成長期，嬰兒會模仿他人的動作、聲音和表情，模仿對象主要是日常照顧他的人，無論那是父母還是其他人。

嬰兒的感情表達方式、性格，甚至對人對事的反應和道德觀念，也會和主要的照顧者相似。

所以在這個期間，要給嬰兒一個好的模仿對象，讓嬰兒模仿到好的態度、情緒和道德觀念。

若你是自己照顧寶寶的，那麼就要小心自己的言行舉止，給寶寶一個良好的榜樣。

若你的寶寶是交給受託者照顧的話，你要有心理準備，寶寶的言行舉止會與受託者相似。

每個嬰兒生下來都有自己獨特的個性。但他如何成長，與他日後和社會互動有很大的影響。

雖然從零至十二個月的嬰兒，活動範圍並不廣泛，但在這個期間，嬰兒需要很多愛、關注和多方面的刺激，來幫助他建立一個健康的感情成長基礎。

若希望嬰兒成長為一個誠實善良、快樂勇敢，和有高度自我肯定能力的人的話，零至十二個月時的感情和社會上的培養是非常重要的，不可輕視。

請父母不遺餘力的去為嬰兒準備一個美滿的環境，讓嬰兒安心發揮自己的傳達能力，學習做人處世的基礎。

06

腦袋和智能的成長

MENTAL DEVELOPMENT

指揮中心

大腦是人體的指揮中心，大腦的成長比什麼都更重要。我們的行動會左右嬰兒的腦部發育。父母做得正確，嬰兒的腦袋就會更健康靈活。父母做得不正確，對嬰兒的發展就會有壞影響。

腦部的成長，集中在從出生至三歲左右的時候，所以幼兒期可以說是最關鍵的成長期。中國人傳統上說「三歲定八十」，現在這句話得到了科學證明。

出生時，嬰兒的大腦約有一千億個腦細胞（神經元），已差不多是一生人將擁有的數量。

腦內的膠質細胞會繼續分裂和繁殖。

出生時，一般嬰兒的腦袋大約是成人腦袋的四分之一。

第一年增加一倍，到三歲時，會增長至約成人的百分之八十。到五歲時比例將接近百分之九十。

黃金時期

在生命的最初幾年中，大腦會經歷非常快速的變化，嬰兒的大腦，正忙於建立其連線系統。

大腦活動產生的微小電氣連接稱為「突觸」（Synapse）。出生時，大腦中已有大量的神經元，並且有一些突觸。隨著神經元的成熟，會產生越來越多的突觸。

出生時，每個神經元的突觸數量為二千五百，但是到了兩三歲，每個神經元的突觸數量已可達至一萬五千。

這些細胞之間的聯繫，是真正令到大腦起作用的關鍵。大腦的突觸使我們能移動、思考、交流……是我們做任何事情的聯絡工具。

幼兒期是建立大腦突觸的「黃金時期」，每秒至少建立一百萬個新的突觸，比生命中任何時期的成長都快和多。

突觸把腦細胞連接起來，以複雜的方式彼此聯繫，促進大腦的正常成長，使孩子能正常的生活和思考。

突觸的多少，直接影響孩子的思考和活動能力。

這段飛速的腦部成長和網絡建設能力，在一生中僅發生一次。錯過了這個時期，要增加突觸就再沒有那麼容易。這個「機會之窗」，一定要把握好。

建立大腦的高速公路

嬰兒出生之後，會通過日常經歷，促進大腦突觸的成長。突觸是通過嬰兒與父母或照顧者的互動，和嬰兒感官與世界的互動而建立的。

嬰兒每日的經驗，會決定哪些突觸可得到發展。而形成了的突觸能否長駐在腦內，也是基於嬰兒的經驗。

當嬰兒得到新的刺激時，新突觸就會成長，把腦細胞聯絡起來。所以家長應該給嬰兒各種新的體驗，這樣他的腦袋才會更加充實，就好像為嬰兒的腦袋建築無數條暢通的高速公路，令他的頭腦更快更靈活。

需求和回應

嬰兒與人的接觸，是影響他成長的最大因素。這些接觸，包括父母親或其他照顧者。

自嬰兒呱呱落地起，就會開始與人交流，大人迅速的反應和充滿愛心的照顧，會增長嬰兒腦內的突觸發展。

心理學家指出，這種「需求」和「回應」的過程，對大腦突觸的成長有很大的影響。成人與嬰兒互動，實際上是在培養他的大腦。

所以嬰兒出生之後，要立刻與他說話、唱歌、閱讀和玩耍，更要為他提供探索自己和世界的機會，提供安全和穩定的養育環境。

科學家認為，早期刺激可為孩子終生學習和對人關係打下正面的基礎。經歷的好與壞，會影響孩子大腦和神經系統的突觸成長。

充滿愛心的互動，會強烈刺激孩子的大腦，導致突觸增長，神經元的聯繫會變得更牢固。

連線的損壞和錯誤

但如果孩子很少受到刺激，突觸就不會發育，大腦的連接也會減少。

當嬰兒長期沒有人理會、需求得不到回應，或被虐待的話，這種經歷會大大影響嬰兒的健康和腦部的發展。

當面臨生理或情感的壓力或創傷時，大腦會發出信號，分泌出皮質醇。日常高濃度的皮質醇可導致腦細胞死亡，減少大腦突觸，損害重要的大腦迴路。

也就是說，如果一個嬰兒反覆和長期受到壓力，腦內的連線可能會被嚴重損壞，或產生連線錯誤。

這個現象，不單在嬰兒時期有負面作用，更會影響他的一生，在日後的成長中，學習、抗壓、感情，以至對人對事的能力等都會降低，更會影響健康，容易受到病魔侵襲。

所以在這個期間，父母或照顧者，必須全心全力用愛心去和嬰兒接觸，刺激他突觸的成長，讓他有一個一生受用的、堅強的腦袋。

智能的表現

小生命從一出生，就會開始積極吸收信息，學習新事物。除了收集身邊人和周圍世界的新信息外，還會不斷發現有關自己的新事物。

讓我們去了解一下，嬰兒在各階段表現出來的智能成長。

出生至三個月

· 期待事情——會學懂期待事情的發展，譬如看到媽媽的乳頭，會作出吮乳的動作。

· 面部表情——表情豐富起來，會用面部表情來回應他人。

· 視覺——可以在十三吋的距離內，清晰識別物體。更會追看移動物體，特別是照顧他的人的臉孔。也可以看到顏色。

· 味覺——能感受到甜、鹹、苦和酸。

· 聽覺——分辨聲音的高低、音量的大小，和不同人的聲音。聽到媽媽為他唱的搖籃曲，會表現安詳，聽到有人在高聲呼喊，會哭泣。

三至六個月

·模仿──會開始模仿他人的面部表情，所以身邊人會影響嬰兒的態度和長相。

·識別──嬰兒會對熟悉的聲音做出反應，識別熟悉的面孔。這表示他記憶力的成長，和喜好的開始。

·回應──嬰兒更會回應他人的面部表情，你友善的跟他笑，他也會歡容，你責罵他，他也會感覺不好。這是智慧上的一大進步。

六至九個月

· 注意力——多數嬰兒的注意力可以維持得更長，例如聽你讀書，或是唱歌等等。

· 生物與死物——能分辨出生物與死物，如真的小狗和玩具狗的不同。

· 數量多少——可以分辨出事物的大小和數量，還有遠近。

九至十二個月

· 活動——因為大多數都已能爬行，甚至走路，智能也增長得特別快。

・理解和回應──他會開始用表情和聲音來回應他人，也好像開始明白你的意思。當你說「來吧！到媽媽身邊來！」嬰兒會積極的向你爬去。

・手勢和單字──他們也會以各種手勢和單字來表達自己，與人交流的能力顯著提高。

・看圖書──很多嬰兒會開始喜歡看圖畫書，而且會認得內容。

・好奇心──他們會研究物件，把物件拿在手裡，反過來看看，拋出去看看，放進口裡看看，放進盒子裡看看等等。好奇心爆棚。這是表示他開始關心環境，在觀察自己的行為如何能操作周圍。

・永久性──開始了解人和物的永久性。也就是說即使看不見，東西仍然存在的想法。這個概念是高度的智能表現，媽媽不在房內，不用擔心，因為並不表示她不存在。喜愛的玩具被布蓋著了，不用驚慌，因為它仍然在布下。這個概念，令嬰兒可以安心的去面對各種新信息，繼續滿足他的好奇心去學習和成長。

第三部

黃金期

GOLDEN PERIOD

嬰兒的第一年，
是智能和感情成長的黃金期。
但這期間，嬰兒要依賴身邊人的照顧和引導。
父母就是舵手，沒有你們，
孩子無法探索世界。
不要錯過這一去不復返的、
幫助寶寶獲得無價寶的機會。

07

如何鍛練聰明的嬰兒

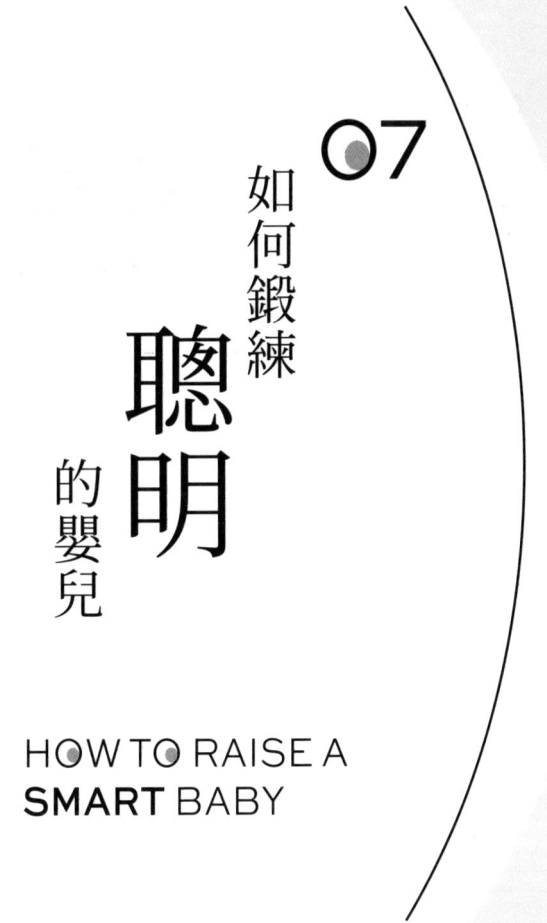

HOW TO RAISE A **SMART** BABY

嬰兒的腦袋，從零到十二個月的成長非常快速。

在這個期間，若嬰兒得不到足夠的刺激，會對腦袋的成長有壞影響。零至三歲是腦袋成長的黃金期，絕對不能錯過這個機會。

當父母的有很多方法，可以輔助嬰兒腦袋的成長，鍛練嬰兒成為一個聰明和可以發展自己潛力的孩子。

新事物

每當嬰兒接觸到新事物時，腦內的突觸就會成長。

突觸是把腦細胞連接起來的通訊體，突觸越多，孩子的頭腦越靈活，學習能力更高。

嬰兒誕生時，都是充滿著可能性的。但這個可能性能否得到發揮，需要大人的培養。

而其中最重要的，就是和嬰兒密切交流。刺激他們的味覺、嗅覺、視覺、觸覺、聽覺，都能助長突觸的成長。

不要帶給他負面的經驗如恐懼、吵架或暴力。

因為這些經驗會令他分泌惡性荷爾蒙，對腦袋的成長有害無益，妨礙嬰兒的健全發展。

讓我們看看如何用簡單的方法幫助你培養聰明的嬰兒。

要刺激寶寶，父母不需要是專家或天才，只需要充滿愛心、關懷，和願意與嬰兒共度有趣時光。

擁抱你的嬰兒

人的本性是尋求安全。

如果嬰兒感到不安，就無法好好學習。

因此充滿愛的擁抱，可以幫助建立他的安全感。媽媽的心跳、肌膚的接觸、媽媽的味道、媽媽的聲音、媽媽的呼吸聲，都是嬰兒的定心丸。

有安全感的嬰兒，學習能力特別高。快樂的嬰兒，不需浪費時間去哭泣，會有更多時間去探索周圍的環境。請相信擁抱的力量，因為這種愛的表現，能建立嬰兒學習的基礎。

我帶未開始爬和走的寶寶的時候，基本上當他們醒著時，是不會把他們放下的，不是抱著，就是背著。

這樣嬰兒會覺得特別安全，不會吵鬧，特別容易照顧。

一起閱讀

和寶寶一起看書，可以刺激他的大腦。

這不但可以訓練嬰兒的視力和聽覺，更可以令他感受到媽媽的關懷，令他明白到閱讀是一段快樂的時光，建立他對閱讀的興趣，對以後的學習也有很好的影響。

開始閱讀是不怕早的，我和兒子們從醫院回來那天就一起開始看書。我們會睡在床上看繪本。他們的眼睛還未能找到焦點，但已經很感興趣的用眼睛跟著圖片，聽我說故事。他們可能不理解故事的內容，但在面前轉來轉去的圖片已令他樂呵呵。

當他們的眼睛開始能找到焦點時，更會用小手做動作，催促我快點讀，讓我知道原來他們已經熟悉書本。

從小幫助孩子愛閱讀，愛文字，會減低上學的壓力。這個習慣可以從零歲開始鍛練。

給他選擇機會

嬰兒到三、四個月左右，已經會對事物有喜好。

這個時候，可以開始給他選擇的機會。

譬如可以拿兩件玩具在手，「你想要哪一件呢？」讓他思考，作決定。

他選好了，然後擁抱他，親吻他，「選得真好！」讚揚他作了好選擇。

這個過程，可鍛練小腦袋作分析。要作分析，就要考慮自己的喜好和觀察面前的事物，更要能表達出自己選擇的結果。

這活動對大腦的訓練，有非常好的效果，所以不要為嬰兒作全部決定。

當我的兒子們開始吃離乳食品時，我每次都會給他們選擇，「要先喝湯還是吃飯？」耐心等待他們的意見。

每天的小事大事，都可以幫助孩子的大腦成長。

和孩子多說話

要和寶寶多說話。

研究表明，孩子在三歲之前，從父母和照顧者聽到的單詞越多，他們的智商就越高。所以從零歲開始，要和孩子多說話。

那麼說些什麼呢？最容易的，就是你做什麼就說什麼。

譬如：

「媽媽現在打開門了。」

「這是開，這是關。」

像這樣，把門開開關關的給他看。

當你抱著他坐下時，

「媽媽現在坐下，這是沙發。」

「按一下，是不是很軟？」

當你為他抹嘴時，

「媽媽現在幫你抹嘴巴。」

「好可愛的小嘴巴啊！這就是你的嘴巴。」

「這是濕紙巾，拿在手上看看，很輕，濕濕的。」

「這是乾紙巾，你喜歡哪一種？」

諸如此類，不停的給寶寶介紹周圍的事物和動作。

這不但能令他腦內的突觸多成長，加速他們學習語言，他還能學到很多有用的東西。

研究指出，在說出單詞時指向那樣事物，嬰兒學習語言的速度會更快。

譬如，你在說「看，月亮多美！」的時候，需要用手指著月亮給他看。

說「花兒真美！」的時候，也需要指著花朵。這樣，他才會把事物的名字和你的發音連接起來。

我和嬰兒說話時，不用「BB話」，用普通言語更好，因為這有助他們增加語彙。但說話時可以提高音調，慢慢說，這樣嬰兒會聽得更清晰。

當初，對著一個不會回應的嬰兒，單方面的說話，會有點怪怪的，但很快就會習慣。

因為嬰兒是你的最佳觀眾，你對待他好的話，他會是你最忠實的粉絲呢。

互相凝視

新生兒在一星期左右就能認識父母的臉孔，多讓他看到你的臉孔，讓他認識你，信任和愛上你。

特別要看他的眼睛，鍛練他的注意力。

從看你的臉，他學習如何識別人的表情，和如何表達自己。

和嬰兒玩耍的時候，可以做一點誇張的表情，譬如伸出舌頭、大笑、大哭等等。

我時常和孩子們玩表情遊戲，逗他們笑，其實就是在鍛練他們的觀察能力。

新生兒喜歡模仿人的面部表情，給他示範多種表情，讓他有多點模仿的機會。

有表情豐富的父母，寶寶的表情也會多樣化，也更能分辨出對方表達的信息。

為寶寶唱歌

多為寶寶唱歌。嬰兒喜歡重複的節奏，愛聽媽媽的聲音。不一定要唱得很好，只要是輕快、柔和的歌曲就可以。睡覺前可為寶寶唱搖籃曲，習慣之後，一聽到你唱搖籃曲，寶寶就自然會睡覺。

盡可能讓寶寶多學習歌曲，因為可以鍛練他的記憶力。譬如英文字母，包括我自己在內，都是從歌曲學會的。越多提示，人的記憶越能鞏固。也就是說，因為歌曲有旋律、節奏和歌詞的三種提示，用歌曲來學習，比較容易記得。所以小時候學的歌曲，長大後還能記著，但小學的課本就早已忘記。

更有一些研究表明，學習音樂節奏與學習數學有關。

所以多為你的寶寶唱歌，不但開心，對他的頭腦發展也有幫助。

因為我是歌手，所以我在育兒期間，唱了很多歌曲給我的小孩子們聽。還灌錄了世界童謠搖籃曲一百首，帶給孩子們很多美好的回憶。

孩子們特別喜歡的是我自己胡亂編唱的有趣歌曲。一邊抱著他們，一邊跳舞，一邊唱！歌曲並沒有特別的內容，但到現在，他們長大了，還記得那種快樂的交流。

你和你寶寶的音樂世界，可以由你控制和創造。這會令你和寶寶的連結更強更深。

數數看

相信每一位父母都曾做過的，就是和寶寶數手指和數腳趾。當你數的時候，要摸著他的手指腳趾，放聲的數出來，讓寶寶感覺得到、看得到、聽得到，這可讓他了解到數量的原理。

有很多歌曲也能幫助小朋友學數字的，應該教他們唱。

在日常生活中，也可以時常和他數數旁邊的東西，譬如玩具、食品、人數、車輛等等。

告訴他什麼是多，什麼是少。什麼是大，什麼是細。

慢慢開始，告訴他什麼是圓的、方的、近的、遠的。

數學的觀念，從小可以學習到。

我記得孩子們還是嬰兒的時候，喜歡我為他們吹氣球，我有時會吹得大，有時又會吹得小。

另外就是吃離乳食品時，也有時多，有時少。

這些日常的事，已足夠幫助孩子開始理解數學的原理。

關閉電視、電腦、手機

美國兒科學會建議，孩子在十八個月大之前，不應該接觸任何電子屏幕產品，包括電視、手提電話、平板電腦等等。兩歲至四歲的孩子，每天限制於一個小時，越少越好。

大量研究指出令人震驚的發現。

當零至三歲的孩子迷上平板電腦和智能手機之後，可能會無意中對仍在發育的大腦帶來壞影響。

太早的屏幕體驗，會令注意力、集中力、感知他人態度和建立詞彙的能力，都受到損害。

也就是說，有些父母為了讓孩子們獲得教育優勢，而利用這些產品吸收資訊，實際上弊大於利。

零至三歲是大腦發展的關鍵期間，嬰兒的腦袋需要更多外間的刺激，和一對一的互動，以加速突觸的成長。

從電子屏幕不能得到同樣的刺激，甚至會傷害嬰兒的聽覺、視覺和大腦的成長，對他一生的發展都沒有益處。

花太多時間在電子屏幕上的嬰兒，長大後，人與人關係的發展也會比別人緩慢，因為小時候沒有機會與他人交流，沒有機會練習如何在社會中生活。

更可怕的是，屏幕上的操作可以用手指來決定、開關。喜歡看的畫面可以重複，得到的快感可以由自己控制。

所以回到真實的世界後，當嬰兒滿足不到自己的慾望時，就會暴躁，覺得失去控制，哭泣起來。

沉迷屏幕會令孩子自私、貪慾和依賴不停的滿足來找到快樂，會變得沒有耐心和不願意努力。

不論是醫生、心理學家或教育家，都大力警惕家長，不要在兩歲之前給嬰兒有任何電子屏幕體驗。

我也和專家同樣意見。不要讓屏幕幫你帶孩子，堅持以真人和孩子交流，否則會影響孩子的一生，後悔時可能就太遲了。

捉迷藏

和你的寶寶玩躲貓貓。拿起一塊布遮住自己，讓寶寶看不到你，寶寶會驚慌！然後你「嘩！」一聲把布放下，讓寶寶再看到你。這個遊戲是教導嬰兒，物體雖然不在眼前，但並不表示它們永遠消失。

也可以試試當他和你在房內時，你慢慢離開。當他發現你不在身邊時，他會哭。你立刻回來安慰他，他就會知道，雖然媽媽離開，但並不表示不存在。

與寶寶捉迷藏，不僅有趣，還可教導嬰兒記著看不到的人和事的存在，鞏固他的記憶力。

我喜歡和孩子們玩尋寶遊戲，先給寶寶看見一件物件，然後很明顯的從他眼前把物件收藏起來，說一句，「啊！沒有了！」嬰兒會很快的找得到，這時可以慢慢把遊戲的難度提高，例如放遠一點、在他看不到的時候藏起來等等。

這個遊戲，能清楚感受到孩子的記憶力、判斷力和耐心，是可以一邊鍛練腦袋，一邊和孩子玩得很開心的活動。

撓癢癢

和寶寶玩撓癢癢的遊戲，會令他大笑，和認識自己身體敏感的地方，更能感受到和父母玩耍的快樂。大笑會令孩子分泌出快樂荷爾蒙，使他的腦袋感受到幸福的感覺，令到大人和嬰兒的聯繫更深。

這種遊戲，更可以教寶寶預期事情的發生。只要你做出要撓癢的動作，很多寶寶就會開始笑和逃避，表示他能預想到對方的行動，和那個行動會造成什麼感覺。

這是智能成長的表現。能預想事情，是聰明人的必需能力，也是從小可以鍛練的。

一起外出

多帶寶寶到外面玩耍，給他接觸新事物的機會。

對嬰兒來說，每一個地方都有無窮無盡的新知識，所以不要總是呆在家裡，做同樣的事。

今天去了公園，明天去圖書館，後天去動物園，星期天去探外婆等等。

有些時候走路，有些時候坐巴士，有些時候坐輪船。讓寶寶體驗這個世界上的各種事物。

你可以用說話介紹新事物給他聽，給他看，介紹後讓他慢慢吸收。譬如說「這裡的花真香！」他有興趣的話，就讓他去享受花香。「你看浪花很美麗！我們去洗腳吧！」然後抱寶寶到海邊，讓他享受浪花衝向小腳的感覺。

帶他一起去購物，看看不同的人和食物。

不要時常留在家裡，每天都帶寶寶去看不同的東西，不管只是後街的麵包店，或晚上的星星，對寶寶來說都是大腦發展的好機會。

不能上街的時候，把他的高腳椅不時換一個位置擺放，讓他看到不同的風景。用不同的餐具，吃不同的東西，總之就是每天都給他新的事物觀察，讓他的腦內突觸成長得更多。

學習因果

寶寶到六個月大左右，會開始探討行動的結果。從這個時期開始，可以教導他因果關係的道理。

譬如他把玩具丟到地上，弄壞了。這時你需要告訴他，「很傷心，破了！怎麼辦？」以表達你的痛心，讓他明白這是不可以做的事。重複告訴他，因為你這樣丟了，所以玩具壞了，媽媽難過了。

又譬如他出手打人，你就要告訴他這是不可以做的事，而且要表示難過、哭泣、痛苦。讓他知道他的行為傷害了他人，那是因為他的行為做成的結果，要解釋清楚給他知道因果的關係。

當他做了好事時，一定要獎勵他。

譬如，他把食物分給你，要用誇張一點的表情多謝他，表示你的喜悅。這樣他會知道，因為他做了這個行為，所以能帶出喜悅的結果。

幾個月的嬰兒，已經可以開始教導道德和因果關係的理論。積木之類的玩具，也可幫助寶寶學習因果關係和「如果……那麼……」的推理。

譬如，「如果」他把積木埋得太高，「那麼」積木會掉下來。他就會明白自己的行為會創造出一個結果。這個推理，是智能成長非常重要的過程。

鍛練身體

鍛練身體和腦袋的成長有很大關係，所以要和你的寶寶一起做運動。

其中一種我喜歡做的運動，是把自己的身體當做運動場，讓嬰兒在身體上爬來爬去。媽媽可以用腳、用手，把寶寶提高放下，他們會覺得非常高興的。

也可以為寶寶做全身按摩（詳細請參考第8章）。

當嬰兒開始會爬的時候，可在家裡找一個安全的地方，讓嬰兒跟著你爬。當他習慣之後，就到你跟著他爬。這不但是很好的運動，也能鍛練他了解服從和領導的過程。

簡單的爬行學好之後，還可以建立障礙物路線，讓他用小腦袋轉左轉右，找方法回到你的懷抱。

不要催促你的孩子學走路。每一個嬰兒成長的速度都不同，有些早在八、九個月就會開始站起來，有些會遲一些。不用擔心，讓寶寶找到自己的節奏。

多一點爬行的時間，也可以為嬰兒建立肌肉，沒有壞影響。

寶寶踏出第一步，是每一個爸爸媽媽最開心的瞬間！那種喜悅，是不能用言語來形容的。

雙手遊戲

用雙手玩的遊戲，對寶寶來說是非常吸引的。

因為寶寶最愛的人就是媽媽，用你的雙手與寶寶互動，是非常好的交流。

拍手，用手模擬小動物，點點他的肚子，一邊唱歌，一邊教他身體各部位的名字……這種寶貴的時間，會讓嬰兒對自己的身體有更多的認識和接受，提高他的自我肯定能力。

也可以讓寶寶摸你的臉，告訴他「這是眼睛」、「這是耳朵」等。用雙手來玩耍，可提高嬰兒的身體和大腦協調。

刺激感官

刺激嬰兒的感官，對大腦的發達非常重要。有很多活動可以達成這個目的。

譬如讓嬰兒碰碰冰淇淋，感受那寒冷的感覺；用柔軟的毛巾幫他抹身，告訴他這是柔軟，但幫他梳頭用的小梳子，卻是硬硬的。

讓他摸摸小貓，碰碰小花朵。彈小鋼琴，聽琴聲。打小鼓，聽鼓聲。

開始吃離乳食品時，多給他不同顏色和不同味道的食物，令寶寶在視覺上和味覺上都得到新刺激。

給他看不同顏色的東西，指出每一種顏色的名字，讓他享受這個世界的色彩。

刺激嬰兒的感官，會令他對環境敏感，注意力增強，好奇心提高，對生活和世界更有興趣，豐富他的人生，也能夠令腦袋的每一部分都得到刺激，加速成長。

迅速的回應

大人對嬰兒的要求有迅速的反應，嬰兒才會建立對人的信任。

當嬰兒可預測到大人的反應，他就會學習相信和理解世界。所以大人的反應要盡可能保持一致。

又如果你的寶寶有不當行為，例如打另一個孩子時，你要耐心的解釋那為什麼是錯誤的。要明確的表達道理，不要用恐嚇的方法，譬如大聲責罵或用手打他。

要嚴謹但溫和的去告訴他什麼是對，什麼是不對，這可以幫助你的孩子學習感受、關心、分享和善良。

你耐心的教導和溫和的反應，會令嬰兒建立更多大腦突觸，大腦迴路的連接就越好。這不僅有助於語言和認知學習，更有助於情感上的發達。

聰明的嬰兒是快樂的嬰兒。充滿好奇心，懂人意，能感受別人給他的愛，注意力高，表達力強，愛學習，吃得好，睡得好。

聰明的嬰兒不是天生的。不論有多非凡的遺傳因子，如果沒有後天的關注，嬰兒也不會有健全的發育。

要提高嬰兒的智能，視乎你對他的愛護。「愛在起跑線」就是這個道理。

08

親子關係

BONDING WITH BABY

我時常說，生小孩子只是成為媽媽的一個階段。真的要當上媽媽，是需要和孩子相處的。親子的聯繫，是培養嬰兒最重要的過程。沒有健康的親子關係，育兒會變成崎嶇難行之路；有鞏固的親子關係，育兒就會成為快樂和輕鬆的旅程。

研究指出，有深厚親子關係的兒童會有更多愛心、高度的自我肯定能力和解決問題的智慧。而且親子關係好的嬰兒會睡得好、消化得好，長大之後記憶力會比較好，不容易憂鬱或肥胖。

建立親子關係的方法，主要是留心關注你的嬰兒，多與他交流，這是每一個父母都能做得到的事。

親子關係可以從懷孕時開始培養。

胎兒從在媽媽肚子裡開始，就可以聽到聲音。多點向肚子裡面的小生命說話，唱歌，可以讓胎兒認識你的聲音。你也可以用想像力，想像你孩子的模樣、你當母親的角色，作好心理準備。

但嬰兒誕生後，有些新手父母會覺得壓力很大，面對著新生兒，有點不知所措，不知道嬰兒在要求什麼，失去做父母的自信心，懷疑自己不能周到的照顧嬰兒成長。

這種感覺其實是非常自然的。因為新生兒是一個陌生的存在，需要一段時間來互相理解。但因為嬰兒不能像大人一樣表達自己，所以新手父母覺得與嬰兒溝通有困難，是正常的反應。

有些父母一看到寶寶就會愛上他，但有些父母則需要一段時間才能接受嬰兒。不要怪責自己，為什麼對寶寶不是一見鍾情。每個人的反應都有分別，感情是可以培養的。但親子關係會左右你和嬰兒的幸福，建立親密的親子關係是快樂家庭的條件。

我想分享一些小提議，幫助你與嬰兒建立美好的親子關係。

自然分娩

很多專家認為，自然分娩是建立親子關係最佳的方法。媽媽經歷陣痛，胎兒通過產道，這共同的艱難體驗，會增加互相的連結和共鳴。所以很多婦科醫生都推薦自然分娩，希望能增強媽媽對小生命的愛意。

很多媽媽，包括我自己在內，經過了痛苦的自然分娩之後，會變得更堅強和勇敢。聽到小生命出生後的第一道哭聲時，心中無數的思念，難以形容。除了鬆了一口氣之外，喜悅的程度也是獨一無二的。淚水流下來，大笑，所有緊張的心情也得到解脫，身體也輕鬆了。感動、感激、感謝之心，把那一瞬間永遠刻在心中。

當然有些特別情況不容許自然分娩，母親也應依照醫師的建議，去做最好的選擇。

激發母性

但生產過程後，媽媽的任務才剛剛開始。為了建立親子關係，心理學家建議媽媽產後立即擁抱嬰兒。也就是說還未洗澡，也沒有用布包好的，赤裸的嬰兒。媽媽可以聽到嬰兒的哭聲，嗅到嬰兒的味道，感覺到嬰兒的肌膚，從而引發出母性的本能。這是動物世界最自然的過程，我們人類也不應該例外。

當然，不是每一位醫生都會容許母親立刻擁抱新生兒，所以要和醫生商量好，盡量爭取和新生兒肌膚接觸的機會。

新生兒應該在出生後一個小時內，吃到媽媽的「初乳」。初乳對新生兒的健康特別重要，充滿可幫助小生命對抗疾病的抗體。嬰兒吸吮媽媽的乳頭，也有助刺激媽媽的身體開始製造母乳。

因此，這不但對嬰兒身體有好處，也對親子關係有良好影響，是母子身體和心靈相通的開始。

但不是每一間醫院都會准許這事，所以要預先和醫院溝通，否則會錯過給新生兒餵「初乳」的機會。

用母乳餵養嬰兒，是建立親子關係的最好方法。我大力推薦。

Baby wearing

聯合國兒童基金會提倡，親子應多作肌膚接觸。

父母把衣服脫下，把赤裸的新生兒抱著，再用布或孭帶把新生兒固定後，才穿上外套。

這樣能令新生兒感受到父母的肌膚、身體的溫暖和聽到父母的心跳聲，令他特別安心。父母也能享受到嬰兒獨特的「BB味」、體溫和完全依靠自己的那種感覺，增加父性母性本能。

這個做法稱為「Baby wearing」，已慢慢在各國流行起來。做過的父母都異口同聲的表示，他們對嬰兒的感情深刻了很多。

互相凝望

就如戀愛中的情侶一樣，多與你的嬰兒互相凝望，可以令嬰兒認識你。

尤其當你餵奶的時候，讓他望著你的眼睛，他就會知道你是照顧他的主要人物，對你的感情會增加得很快。

與他談話、唱歌、講故事的時候，都望著他的眼睛。這樣他對你的臉孔、聲音都會有認識。只要你在身邊，他就會安心。你一抱起他，他就會停止哭泣。

這樣不但能令嬰兒有一個安穩的環境，而且因為他對你有絕對的信任和偏愛，會令到你作為父母，感到特別驕傲。

「你看！我一抱起他他就不哭了！」

「你看！我一離開，他就會要找我。」

這就是當父母的特權！值得你驕傲！

但這特權是需要你和嬰兒一起去培養的，不是生下來就擁有。

一起睡覺

嬰兒誕生之後，媽媽身體還未復原，卻要照顧嬰兒，所以會很疲倦。

這個時期，餵人奶的媽媽，會分泌出荷爾蒙支持她的體力。但若果是餵奶粉的媽媽，身體開始回到普通狀態，失去產婦的荷爾蒙，會覺得特別疲倦。

我媽媽在我生大兒子的時候給我說：「孩子睡時媽也睡。身體最重要呀！」

普通來說，新生兒一天要睡大約十六至二十小時。大部分的媽媽看到孩子睡覺了，就忙著去做家務。但這不是最好的辦法。當你嬰兒睡覺時，你也應該盡量休息，跟他一起睡，或抱著他閉上眼睛養神。

這樣，你的身體才會回復得更快，母乳分泌得更好，心情也會輕鬆很多。

這個時期，若有人能在旁邊幫忙是最理想的，但就算沒有人幫忙，也要盡量與你的嬰兒在一起休息，讓自己的身體輕鬆一點，不要太操勞，否則對你和嬰兒都沒有好影響。家務不做，並不是大問題；傷了身子，後果不堪設想。

和嬰兒一起睡覺時要小心，不要壓到他或讓他窒息。可以分開睡，只要同時間睡就可以了，這樣當他醒來時，你才會有充沛的精力去照顧他。

按摩

為你的寶寶做按摩，有很多好處。心理學家指出，按摩可以令他睡眠質素更好，減少哭泣，更可以幫助腦袋發育、提高免疫力，有助身體成長等等。很多嬰兒被按摩時會很高興，會笑，會動手動腳的表示興奮。這可愛的表現會刺激你的父母本能，令親子關係加溫。

至於如何按摩你的嬰兒，可以在網上找到很多影片參考，在此處省略。

我曾在印度看到一位年輕媽媽為她的寶寶按摩，印象很深。她用椰子油塗在嬰兒身上，一邊唱歌，一邊為寶寶全身按摩。沒有什麼特別的動作，但寶寶笑個不停，我好像在看一幅美麗的母子油畫。

按摩是誰都可以做到的，是增進親子關係的好方法。

放下手機

照顧嬰兒的時候請把手機放下，不要一邊看手機，一邊帶嬰兒。因為專注手機，有好多時候就會忽略了他的要求、表情和要傳達的信息。

很多時我在公園看到一些照顧嬰兒的傭人姐姐，把嬰兒放在嬰兒車上，就自己在看手機。那些嬰兒大多數的表情都不豐富，呆呆的坐在嬰兒車上。這是非常可惜的事情，因為嬰兒在這個時期，需要多與人交流，才會有健康的社會、感情和智能上的成長。

所以為了建立親子感情，帶孩子時要把手機放下，把你百分之百的注意力集中在嬰兒身上。

如大雨的親吻

多多親吻你的嬰兒，表達你對他的愛。

我的孩子小的時候，我親吻他們時是如大雨一般密的，由頭吻到腳背。因為會有點痕癢，所以嬰兒會大笑，也會令我笑到肚子痛。這可以充分表達你的愛，製造更多親子的快樂時光。

幾個月大的嬰兒，習慣了這個遊戲之後，只要你來到他身邊，做出想親吻他的模樣，他知道你將要「如大雨一般的親吻」他時，會表現出興奮、期待，又好像怕癢的表情，很逗人的。提議你也試試，一定會令你更加迷戀你的寶寶。

一起看鏡子

這個時期的嬰兒，可能未必明白鏡子中的寶寶是自己，但他會明白你是他的媽媽或爸爸。

多讓他習慣看到你和他在一起，不但可以協助他認識自己的存在，更能在無意識之中把你和他的形象留在他的腦海裡。你也能因為看到自己和寶寶多麼的相像，從中得到親切感。

無所不談

推薦你多和你的嬰兒說話。

可能當初他不能理解，也可能沒有反應，但你的聲音就是他的音樂，可讓他享受媽媽跟他說話的時間。

而且你的說話，是他學習語言的來源。跟他說，「這是天空，那是白雲，好漂亮啊！」「你看，這是花朵，紅色的，白色的，又香又美。」「這是蝴蝶，飛飛飛。」「這是海浪，又去又來。」把世界的美好介紹給寶寶知道。他生活上需要知道的事物，也可以用說話來為他解釋。

最初可能會像對牛彈琴，但其實他的腦袋成長得非常快，一直都在吸收你的說話。

當他開始有反應的時候，他會用盡全力的去和你溝通的，那個模樣，誰能不愛？

找回好玩和調皮的自己

和嬰兒在一起時，你可以做鬼臉，抱著他跳舞，發出怪聲音……好像回到調皮的時代，單純的自己。但這些動作，會帶給寶寶無限的樂趣。

帶孩子有助父母返老還童，忘記當大人的各種束縛。這是當父母的一個精神上的大解脫，要好好享受。

嬰兒會令我們重新發現生活中的小樂趣，如日出、路旁的小花、飛來的小蝴蝶、停不了的小雨。

為了要介紹世界給嬰兒認識，我們可以再次感受到身旁的美好。

父母只要活用想像力，是有很多方法建立親密的親子感情的。

零至十二個月的新生兒，成長得特別快，會從無意識中學會很多東西。所以我們要在這個期間給他留下美好的回憶，否則，無意識中學起來的習慣，到有意識的時候，是非常難改變的。同樣，這時期學會的好習慣，也會一生受益。

在這期間，要多用你的愛和關注，給寶寶建立一個美好的知識倉庫。

無意識期間留下的回憶也是十分難以抹去的。好的回憶會令孩子的正能量增加，壞的回憶會令孩子一生痛苦。

所以，要多給孩子灌輸和接觸正面和美好的事物，讓他有足夠的正能量，幸福地度過一生。

第四部

哺乳類

WE ARE MAMMALS

哺乳類動物是用母乳育嬰的。
通過哺乳的互動，母愛本能被激發，
母親會願意捨命護兒。
這是生命持續血脈的本能。
哺乳對母親的負擔很大，費時費力。
但在生物進化過程中，表明這方式利多於弊。
人類也是哺乳類，母乳順其自然，
是最佳選擇。

09

母乳為什麼重要

WHY **BREASTFEEDING** IS CRUCIAL

每年全世界大約有五百三十萬名兒童在五歲之前夭折，其中新生兒佔大約一半。

聯合國兒童基金會提倡，應在嬰兒出生後一小時內立即餵母乳，可以大大降低新生兒的死亡率。

因為從產婦乳房分泌出來的「初乳」，含有能幫助嬰兒抵抗病菌的抗體，是嬰兒最好的防疫劑。這是母親可以給嬰兒第一份最好的禮物。

所以在嬰兒出生之後，趕快給你的孩子餵這貴重的初乳，幫助他建立一個健康和強壯的身體吧。

除此之外，聯合國兒童基金會亦提倡，嬰兒到六個月為止都應以純母乳餵養，從第六個月開始可加入其他食物，但繼續餵母乳至兩年或者更長時間。戒奶的時期可由媽媽和孩子的需求決定，沒有必然的準則。

母乳的好處

母乳餵養的好處實在太多了：

・母乳能提供嬰兒在頭六個月內成長所需要的營養，包括維生素和礦物質。

・聯合國兒童基金會指出，母乳餵養的嬰兒，在頭兩、三月的存活率，比非母乳餵養的嬰兒高六倍；純母乳餵養的嬰兒，在頭六個月的存活率，更比非母乳餵養的嬰兒高十四倍。

・餵母乳能刺激嬰兒口腔和下巴的正常發育，有助分泌消化和飽腹激素。

· 母乳餵養的嬰兒，出現肚瀉和呼吸道感染的情況特別少，也可以減低各種不良疾病的可能性，譬如肥胖、高膽固醇、高血壓、糖尿病、兒童哮喘等等。

· 近年的研究指出，母乳餵養的嬰兒，因為大腦健康改善，認知能力提高，他們成年後的智力和成就，包括收入在內，都比配方餵養的嬰兒優秀。

除了健康，精神上，餵母乳對建立母子關係也有很大的好處。

· 母乳餵養有助增強母子之間的聯繫，確立母子親情。

· 嬰兒因為和母親有肌膚接觸，互動的機會多，所以在行為、語言、幸福感和安全感的成長上，都會比其他孩子高。

但很可惜，世界上並不是百分之一百的母親都是以母乳餵嬰兒的。其中從出生至六個月為止都以純母乳餵養的嬰兒就更少了。

母乳有那麼多好處，我覺得媽媽們應該盡量爭取，用母乳餵自己的嬰兒。

母乳不足？

有些媽媽指出，因為母乳不足，所以不能餵母乳。

但其實只要有足夠的產前準備，例如乳房按摩、洗淨乳頭等等，大部分媽媽都是可以分泌足夠的母乳餵嬰兒的。

每一個嬰兒天生都懂得吸乳。產後一個小時之內，給嬰兒餵初乳，可幫助嬰兒運用這個能力。

吸的力越強，母乳分泌得越快、越多。若是嬰兒吸乳的能力不高，可能會影響你母乳的分泌。

所以要提高嬰兒吸乳的力量，方法是讓他們肚子餓一下，就會用力吸。用力吸，母乳就會自然分泌出來。用一點耐心，不要著急，不要憂慮，人類是哺乳動物，你的母乳一定會來的。

我生大兒子的時候，因為沒有做產前準備，母乳並沒有立刻分泌出來。我非常著急，眼看著孩子一天一天的瘦下去，但我的母乳又不出來，當時真的怕會把孩子餓死了。

媽媽每天拿湯水給我喝，但還是沒有母乳。過了好幾天，終於我的身體開始受到嬰兒的吸奶動作刺激，反應起來。母乳一出，就好像噴水池一樣，要停也停不下來了。

大兒子雖然餓了幾天，但醫生說完全沒問題，看著他滿足的吃奶，令我感動不已，又驕傲又開心，邊笑邊哭。心想，我真的是個媽媽了。

便利性

母乳是非常方便的。因為母乳的溫度永遠剛好適合嬰兒，也不需要消毒奶瓶，隨時可以供給嬰兒最佳食品。而吃配方的嬰兒，則需要消毒奶瓶、奶嘴，以冷熱水調整溫度，加奶粉，才可以給嬰兒服用。很多時候嬰兒需要哭一大場，父母才能調好配方，滿足他的要求。

但母乳只要嬰兒在身邊，隨時可以餵奶。嬰兒需要半夜吃奶的時候，母乳也十分方便，不需要特意起床去弄配方。

對媽媽也有益

餵母乳的時候，媽媽能得到很大的滿足感，會發覺能夠用自己的身體來培養小孩子，很神奇，但又很自然。看著在懷抱中的孩子，特別容易產生母愛，增加當母親的自信心和勇氣。那種感覺不能用文字來形容。

餵母乳對媽媽的身體也有很多好處，可以幫助降低產後出血的風險，協助媽媽身體復原，子宮收縮，回復體形。又因為餵母乳期間不會懷孕，可以自然避孕，減輕媽媽連續懷孕的負擔。

而且母乳是免費的，可以減輕家庭的經濟負擔。

所以除非媽媽有特別原因，如身患疾病等等之外，我大大推薦用母乳餵養你的嬰兒。

工作媽媽和母乳

有工作的媽媽生了小孩子之後，要上班，可能會覺得餵母乳不切實際。但現在很多公司都有六個月的產假制度，我提議媽媽積極利用產假，在嬰兒出生後至六個月為止，以純母乳餵孩子。

若果是必須立即返回工作崗位的媽媽，也可以用吸奶器來吸取母乳，再用妥善的方法保存，交給照顧小朋友的人代餵嬰兒。

晚上回家後，可能比較疲倦，但也希望盡量爭取餵母乳的時間。

六個月只是一段很短的時間，為了孩子的一生，是值得去努力和奮鬥的。

母乳餵養的注意點

・母乳是非常容易被消化和吸收的超級食物，所以母乳餵養的嬰兒特別容易肚子餓，吃奶的次數會比吃配方的嬰兒較多。

・孩子需要吃奶時，就給他吃，不一定要跟隨固定的時間表。孩子吃得多，母乳也會分泌得更多，這是自然的奇妙，不可思議。

・在餵母乳期間，媽媽要小心飲食和健康。不可以吃刺激性的食物、抽煙或飲酒。你吃的東西都會經過母乳傳給你的嬰兒，所以要特別小心。

・餵母乳的媽媽，要準備特別的胸圍和放在胸圍內側的母乳墊。有些時候母乳會分泌到衣服外層，要留意，避免尷尬。

・餵奶之前也要清潔乳頭，防止不必要的感染。

·外出時可以準備一兩條絲巾或毛巾，有需要在公眾場所餵奶時，可以拉起來遮掩一下餵奶的情況。

戒奶

餵母乳最大的挑戰，其實是戒奶的時候。

六個月之後，嬰兒可以慢慢開始吃其他食物，其後要決定從什麼時候開始慢慢戒奶。決定之後，一定要堅持。

因為孩子會非常渴望繼續吃奶，會哭得很厲害。而你的母乳也會繼續分泌，胸部會膨脹，很痛。媽媽和孩子都會很痛苦。

但辛苦的時間最多是兩三個星期。只要忍耐，孩子和你都會習慣新的生活方式的。

我的三個孩子都是母乳餵養的，每一個都吃了二十個月的母乳。他們都健健康康，並沒有大病，到現在母子關係都非常好。我深信在餵母乳的期間，我們建立了深厚的信賴和母子親情。

母乳是媽媽可以給孩子最自然、最珍貴的禮物。而且經過這個過程，媽媽會從一個孕婦、產婦，變成一個母親。所以不要輕易放棄這份珍貴的體驗，因為它可以改變你的一生。

問問醫生，母乳餵養要小心的地方？

醫生說

醫學界都主張餵哺母乳，但媽媽餵母乳前也要講究衛生。先洗手，要是從外面回來要先換衣服，接著，要先洗乳頭，搓乳房，才可以餵母乳。

嬰兒喝完母乳後，媽媽也要洗乾淨乳頭才可以戴胸圍，胸圍要天天洗換。

吸奶器

有的媽媽要上班，要把母乳儲起來，就要使用吸奶器（奶泵）。最好白天每兩到四小時吸一次，晚上再吸一次。每次用吸奶器時，每側乳房大概吸十分鐘。使用前，要把吸奶器重新組裝，確保吸奶器乾淨後，才可以開始吸奶。

吸奶前，要先洗乾淨手，坐在一個安靜的環境裡，想著自己的寶寶，才開始吸奶。吸出的母乳要放入獨立的無菌奶袋或奶瓶，每份六十到一百五十毫升，封好後立刻放入冰箱，並盡量在四十八小時內使用。

加熱時最好用溫水，泡奶瓶或奶包五到十分鐘，那時母乳中的油脂可能會浮上來，是正常的，搖勻就好。要注意奶溫不要太高。

使用完的吸奶器，要在一個乾淨的洗碗盤裡，先用熱水和肥皂洗乾淨，接著把吸奶器所有部件拆開，放進不銹鋼鍋裡用沸水消毒五分鐘，然後放進消毒櫃乾燥，或放在乾淨的枱上讓空氣自然乾。如果可以放進洗碗機裡清洗的話，可能更方便。

10

配方餵養

FORMULA FEEDING

嬰兒配方食品（奶粉）是母乳的營養替代品。

是選擇不用母乳，或因為各種因素不能用母乳餵養嬰兒的媽媽們，供給嬰兒營養的食品。

有些媽媽，可能是因為健康問題不能用母乳餵養嬰兒，也可能母乳餵養對於有些媽媽來說太困難和壓力太大。

更有些媽媽選擇配方，因為覺得比較方便。

選用配方餵養時，父母或照顧者都可以給嬰兒餵奶，互相分擔這個職責。爸爸可以通過餵寶寶吃奶，和嬰兒建立聯繫。餵事先擠出保存的母乳，也有同樣的作用。

因為配方比較難消化，所以配方餵養的嬰兒吃奶的次數比較少。這雖然減低父母的負擔，但也不一定是好事。因為難消化，會對嬰兒的腸胃增加負擔。

與母乳餵養的嬰兒相比，配方餵養的嬰兒會有更多胃氣，容易胃痛，引致哭泣。而且配方含有不能消化的物質，嬰兒會容易便秘，排出來的大便會堅硬和有臭味。吃純母乳的嬰兒，大便不會出現這種情況，而且腸胃問題也會較少。

餵母乳的媽媽需要注意自己的飲食，因為成份會從母乳傳到嬰兒身上。相反，配方餵養的嬰兒，媽媽不需要注意飲食，自由很多。這看似是優點，但卻令到社會上出現了兩種現象。

一種是產後媽媽吃的份量比較多，加上不需要忌煙酒和刺激性的食物，令產後的身體復原變得不正常，甚至會肥胖。

另外一種現象，就是媽媽立即開始減肥。這也不是一個健康的選擇，因為產後的身體需要充足的營養來回復。所以選擇以配方餵養嬰兒的媽媽，定要重視自己的身體和飲食，因為寶寶需要一個健康快樂的媽媽。

配方餵養的風險

我了解有些選擇用配方的媽媽，可能是迫不得已，或擔心寶寶得不到充足的母乳。在給你嬰兒配方奶粉之前，讓我分享一些配方奶粉的風險：

· 首先就是，配方無法像母乳一樣，給嬰兒提供媽媽的抗體。也就是說，配方餵養的嬰兒會失去媽媽抗體提供的額外保護，受疾病侵害的機會提高。

母乳的成份是十分複雜的，人工配方還未能完全複製。而且母乳能隨著嬰兒的要求而變化，配方就沒有這種功能。

・研究表明，配方餵養會改變嬰兒的正常腸道細菌，增加他們消化道感染的風險，也可能令免疫出現問題。

・配方餵養的嬰兒，患糖尿病、急性中耳炎、哮喘、濕疹、肥胖等疾病的風險比較高。

・配方餵養的嬰兒，身體會比用全母乳餵養的嬰兒成長得快。但有部分研究指出，肥胖的寶寶並不是最健康的寶寶，因為可能只是體重增加得太快，引致後天的肥胖。

・父母應該了解，一旦習慣了給嬰兒餵配方奶粉，母親的乳房就會減少產生母乳，餵養母乳的意願也可能會減弱，想重新用母乳餵養會變得十分困難。所以要好好衡量之後，才作決定。

配方餵養的注意點

・決定用配方餵養的媽媽，請小心器具的衛生，如奶瓶蓋等，要進行徹底的消毒。先用滾水倒入消毒好的奶瓶，然後加入奶粉，再加入清潔的冷水。

・不要用微波爐加熱瓶子，因為微波爐的加熱不平均，有可能在奶中產生熱點，灼傷寶寶。

・保存配方奶的時候，不要使用已放置在冷藏庫二十四小時以上的奶，一定要丟掉。也不要在室溫保存已調好的奶。

・寶寶不想吃的時候，請把剩下的奶丟棄，不要強迫他吃完，否則會令體重不自然的增加。

・嬰兒配方大部分是用牛奶製成的，所以選擇配方餵養的媽媽，要注意嬰兒是否對牛奶過敏，如果有，需要尋找其他配方。

．選擇奶粉的時候，零歲至六個月應該選用新生兒的配方，六個月後改換一種配方，到十二個月大之後才可以飲用普通牛奶。

．父母也可以選擇現成的水奶。雖然價錢比較高，但因為獨立包裝，不用消毒奶瓶，十分方便。

．選擇奶瓶時，大部分專家都建議用玻璃瓶，因為塑膠奶瓶含有雙酚A，從奶瓶滲入到奶中，有機會導致心臟病、癌症、糖尿病和擾亂荷爾蒙的分泌。

．奶嘴應選用新生兒的款式，市面有很多選擇，長短、軟硬都不同，可看看你的嬰兒喜歡用哪一種。奶嘴的洞也有大小，太小寶寶吃得辛苦，太大可能奶出得太快，會令嬰兒嗆奶。要小心嬰兒吃奶的狀況，作出合適的選擇。

配方餵養其實並不容易，而且風險較高，也需要有計劃和保持各種用品的供應。一定要有充足的配方奶粉、消毒奶瓶奶嘴的設備、衛生的冷熱水，外出時要攜帶大量東西，負擔不輕。

而且母乳是免費的，配方奶粉卻不是。嬰兒出生第一年，配方的費用最少需要一萬五千港元。如果以母乳餵養，這開支可為寶寶存起來作其他用途。

母乳是自然、便宜、方便和環保的食物。但用配方的媽媽也不要氣餒，你們也可以養育出非常健康的嬰兒。大家一起加油！

問問醫生，配方餵養有什麼要小心？

醫生說

不能餵母乳的媽媽，就要用奶粉或水奶。

水奶通常是獨立包裝的，只要把無菌的奶嘴連接上去就可以餵奶了，很方便。用奶粉的，就要先消毒奶瓶和奶嘴，可用蒸汽或沸水，也可用消毒液，確保奶瓶和奶嘴都無菌，才可開始沖奶粉。

餵奶時要注意，奶溫不能超過四十度，要不然會燙傷寶寶。

當然母乳餵養是最理想，但現在奶粉的成份已提高了很多。為嬰兒選擇適當的奶粉餵養，也可確保嬰兒的健康成長。

第五部

新挑戰

NEW CHALLENGES

嬰兒每天都在成長變化，
父母每天都面臨新挑戰。
嬰兒長得快，父母要學得更快。
育嬰就是和嬰兒一起成長。
請勇敢的接受挑戰，渡過難關。
三百六十五日過去後，
你已經不是以前的自己，
而是又驕傲又充滿自信的爸爸媽媽。

11

嬰兒的睡眠

SLEEPING
HABITS OF BABY

睡眠是嬰兒的基本生理需求。

睡眠可讓身體重拾活力，有助嬰兒成長、大腦成熟、學習和記憶。

父母要多理解嬰兒睡眠的質素，幫助寶寶每天都能享受優質和充分的睡眠。

當嬰兒睡眠不足時，他們會變得煩躁、緊張，而且難以照顧。長期和持續的睡眠不足，會導致身體組織受損，免疫系統出現障礙，甚至死亡。

促進嬰兒身體發育的激素，大部分是在嬰兒深層睡眠時分泌的。因此，嚴重的睡眠障礙會導致激素分泌不足，妨礙身體成長和引致疾病。

安全的睡眠環境

父母應確保嬰兒睡覺時的姿勢安全。

專家指出，應讓嬰兒獨自的睡在嬰兒床，要仰睡，面向天花。當寶寶可以自己轉身或滾動時，還是要讓他仰睡，因為俯睡或側睡會增加窒息的危險。

睡著的時候，嬰兒可能會轉身，要小心不讓他窒息。

在很多文化圈，媽媽喜歡和嬰兒一起睡覺。但這種睡覺方式要非常小心，因為每年都有嬰兒和父母一起睡覺時窒息致死。

請為嬰兒準備有安全認證的嬰兒床和牢固的床墊，睡覺時要確保被子不得超過胸部，也不要放枕頭，並應將嬰兒的臥室保持在適當的溫度。

同房睡覺

若可以的話，我提議新生兒應和父母同房睡。這樣比較容易照顧，可以及時察覺嬰兒的所有動靜，迅速對他的要求作出反應，令嬰兒能更快重新入睡。

嬰兒也會感覺到和父母在同一個空間，睡得安心。

我和三個兒子都是同床睡覺的。嬰兒睡得很安心，我也容易餵奶。但一定要非常小心，因為在父母熟睡中，嬰兒有可能被壓到，甚至窒息。若父母不是醒睡的人，就要等孩子大一點才開始同床睡，比較安全。

包著寶寶睡

很多父母會在這個時期用包巾把嬰兒包起來，英語稱為swaddle。這可以防止嬰兒自然反射的張開雙手，嚇倒自己，也可以給他一點安全感，就像在媽媽的肚子裡面一樣。

我以前也會包起我的三個兒子。因為他們都是在冬天誕生的，包起來比較溫暖和容易抱，也幫助他們入睡。

包布可以在賣嬰兒用品的地方買得到，薄身的棉質包布是最適合的。

抱著睡

很多新生兒都喜歡在父母的懷抱裡面睡覺，一把他放下就會哭泣。更有些嬰兒，需要父母一邊抱著一邊走路才願意睡覺，對父母的負擔非常重。

但這個情況，大部分在兩個月左右就會改善。父母應互相協助，渡過這個最辛苦的難關。

我大兒子剛出生的時候，晚上一定要抱著睡，一放下就會哭。當初我覺得很辛苦，但有一天晚上，我改變了思維。我坐在沙發上抱著他，幻想我和他在坐飛機，前往夏威夷度假。幻想著到了夏威夷之後，看到藍天白雲，沙灘海浪，和一家人玩得很開心……慢慢，我焦慮的心情就消失了，很快我和嬰兒都睡著了。可能因為自己心情好，寶寶也睡得很好，一覺睡到天亮！

從那一次開始，每逢晚上要抱著嬰兒睡覺，都不會覺得辛苦了。改變思維，可以幫你輕鬆的渡過難關。

睡多久，睡多少次

新生兒平均每天要睡十六至二十小時，但每次並不會睡很長時間，會分開數次來睡覺。有時睡四小時，但有時只睡四十分鐘。

每一個新生兒都有不同的睡眠節奏，除了與他吃奶的多少有關之外，旁邊照顧他的人的態度，和他身處的環境也有影響。

· 新生兒白天都會小睡很多次。大約睡一至兩小時，然後醒來一至兩小時，這樣重複四至五次。

夜間的睡眠也是斷斷續續的，最長的通常有四小時。有些嬰兒在七至八星期左右，可以在晚上睡到五至八個小時。因為新生兒每次睡的時間比較短，晚上會起來吃兩至三次奶。父母要有心理準備，新生兒需要過一段時間才可以徹夜睡覺。

·從兩個月起，嬰兒大約每天睡十三至十六小時。會小睡兩至三次，每次時間會長一點。晚上還會醒來吃一至兩次奶。

但有些嬰兒仍然需要抱著睡，父母要有耐心。

·四個月開始，每天會睡十二至十四小時。白天醒來的時間會長很多，晚上可睡六至八小時。也就是說可以「徹夜睡眠」了，父母也可鬆一口氣。

·嬰兒到達八個月，依然需要十二至十四個小時睡眠。

每天依然會小睡兩至三次，夜上睡眠時間有七至十個小時。

這個期間，嬰兒會開始爬動，甚至站起來或走路，睡醒時就算沒有人在身旁，也不一定會哭叫，可能會起身找媽媽。這是很危險的，要小心不要讓嬰兒掉下床或受傷。

優質的睡眠會令嬰兒更快樂和容易照顧。所以當嬰兒醒著的時候，多跟他做運動，與他交流，令他的一天充滿各種活動和驚喜。這樣，他會自然的覺得疲倦，容易熟睡，醒來的時候就會充滿活力，不容易哭泣和煩躁。

嬰兒睡得好，父母也睡得好，一家人就會更開心和幸福。

12

理解嬰兒的哭泣

UNDERSTANDING
WHY BABIES **CRY**

哭泣是嬰兒最自然的意識表達方法，是他的求生本能。因為嬰兒需要一段時間才可以走動和說話，所以在這之前，他有要求時，唯一的求救信號就是放聲哭泣，求人協助。

請你想一想，要是你被人綁手綁腳，不能動，而且剝奪了說話的能力，只容許哭泣或尖叫。那麼我相信，你也會放聲哭泣來求救。

新手父母聽到嬰兒哭泣，會心痛，不知所措，有些時候甚至感到頹喪。但其實嬰兒哭泣的原因並不多，只要你理解他為什麼會哭，迅速幫他解決問題，哭泣的次數就會減少。

而且只要你留意嬰兒哭泣的方法，慢慢你就可以分辨出他在要求什麼。那麼嬰兒哭泣的需要就更少，父母和寶寶都可以開心度日。

為什麼哭

嬰兒會哭，最主要的原因是餓了、累了、尿片髒了、有胃氣、肚子痛、刺激太大了、太冷了、太熱了等等。

信不信由你，嬰兒的哭聲可以告訴你很多事情。嬰兒的哭聲並不是只有一種。有很多專家發表各種意見，幫你去解讀嬰兒哭泣的聲音。

說實話，我帶大兒子的時候，真的有點不知所措。但不知不覺中，因為我每天都留意他的哭聲，漸漸開始了解他在哭什麼，而且在他未哭出來的時候，我已經了解到他有什麼要求，那麼就省去哭泣的必要。

每一個嬰兒的情況都不同，我在這裡分享的經驗和專家的提示，未必可以用在你的寶寶上，但也可以參考一下。

肚子餓了

當嬰兒肚餓的時候，會發出有節奏的「欸—呀—欸—呀」的聲音，好像在催促媽媽快點餵奶。

那聲音是嗲嗲的，並不尖。但若媽媽不在或沒有人理會他，就會變成放聲大哭，哭到透不過氣來，甚至咳嗽，最後筋疲力倦。

但若你迅速的照顧他，他會尋找你的乳房，甚至把手指放入嘴裡表示態度，不會大哭，安心吃奶。

不舒服呀！

當嬰兒覺得不舒服，譬如太熱太冷或需要換尿片的時候，他的哭聲是煩躁的，好像在責怪旁邊的人不理會他，「呀—唔—呀—唔」的哭聲。

男女嬰兒的哭聲有別，人種也有分別，所以不可一概而論。但當你的嬰兒哭了又停，停了又哭，聲量持續性的增大，就是表示他不舒服。這個時候應該幫他換尿片。

若氣溫熱的話，用扇子幫他搧風，比開冷氣或開窗更有用。嬰兒喜歡看扇子在他視線內有節奏地搖擺，感受到微風有節奏的吹在臉上和身上，幫助他安靜下來。冷的話，幫他洗個溫水澡，輕輕按摩他的身體，嬰兒就會安心的睡覺。

有胃氣或肚子痛了！

嬰兒覺得有胃氣和肚子痛的時候也會哭，但不會大哭。因為他肚子痛或有氣體在胃裡，不能用力去哭，所以哭聲比較弱小，但臉上會有痛苦的表情。這個時候可抱起他，把他的胃氣拍出來，和摸摸他的肚子有沒有脹。

很多時候，嬰兒是因為便秘或腸內有氣體，導致肚子痛。若是便秘的話，請與醫生商量如何解決。否則嬰兒這種哭泣不會停止，對他吃奶和睡覺都有壞影響。

累了！想睡

還有一種就是當嬰兒累了、想睡的時候的哭聲。這種哭聲是從大到小的，只要抱起他、呵護他，很快就會停止。

但有些時候嬰兒又會造惡夢，突然醒來。那麼只好重新抱起他，再呵護他入睡。

原因不明的嚎哭

有些時候嬰兒會嚎哭。當他不顧一切的大哭時，父母需要找到原因。

・譬如在飛機起降的時候，因為氣壓問題，嬰兒的耳朵會非常痛楚，哭個不停。這時可以給他吃奶或喝水，吞嚥的動作有助調整耳內氣壓。耳朵不痛了，嬰兒就會止哭。

・也有些時候因為周圍的聲音或燈光太過刺激，嬰兒受不了，會頭痛，那麼也會嚎哭。這時應帶嬰兒到一個安靜的地方，讓他的五官休息。

我最喜歡的就是帶寶寶到外面去散步。抱著他一面輕聲唱歌，一面和他慢慢走。無論在午夜也好，早晨也好，這個方法都會令到嬰兒安定下來。外面的空氣對嬰兒有絕大的安撫能力。若嬰兒一直在哭，但找不到其他原因，可以試試帶他到外面散步。

另外一個有效方法，就是帶嬰兒坐車去兜風。車子的震動和聲音，似乎可以幫助嬰兒安靜。

・當嬰兒有病，譬如發燒、發炎等等時，也會嚎哭。有時可能是因為肚子痛，若果喝點暖水都緩解不了，請立刻請教醫生。若發覺嬰兒發燒，也應該立刻去求診。

喜歡哭的嬰兒，會給爸爸媽媽帶來很大的負擔，但其實最辛苦的是嬰兒本身。所以不要煩躁，只要有耐心，你和嬰兒的溝通一定會改善。

Colic

有些新生兒會哭鬧得特別厲害，英文稱為 colic。

Colic 和一般哭泣有什麼分別呢？醫學上是以多少和多久來決定的，一般的見解，持續三週以上、每週至少三天、每天至少三個小時不明原因的大哭，就可定義為 colic。

如果你的寶寶有這種情況，的確很難應付。但請記住，大部分的嬰兒在六週開始，就不會再哭得那麼厲害，所以只是短期的問題。

請你試試各種安慰嬰兒的方法，如果覺得自己無法應付，有的可能是食物敏感引起，請立即尋求幫助。

絕對不能搖晃嬰兒

「搖晃嬰兒綜合症」或「虐待性頭部創傷」，是指兒童的大腦因身體虐待而受傷。

很多時父母或受託者在照顧嬰兒時，因為嬰兒不停的哭泣，令到大人生氣或沮喪，於是搖晃嬰兒，希望可以迫他停止哭泣。但如果這種行為過度，有可能會導致永久性腦損傷或死亡，是非常危險的行為。

所以無論有任何理由，也絕對不可以搖晃嬰兒。

先攻為快

嬰兒的哭泣，對新手父母來說，的確是一個大挑戰。但其實人的心情是會被感染的。若果你感到煩躁，有壓力的話，這些情緒也會感染嬰兒，嬰兒就會哭得更厲害。

為了避免讓嬰兒哭得厲害，最好的方法就是去觀察，理解嬰兒的信息，在他哭泣之前，做好對應功夫。

我的大兒子是三個孩子之中，哭得最多的一個。不是他喜歡哭泣，相信是我這個新手媽媽，當時不知道如何迅速去照顧他。但因為我花了很多時間去觀察他，很快就能明白他的信息。當他還未開始哭之前，已經滿足了他的要求，所以哭的次數大大減少了。

我的方法就是「先攻為快」。

譬如他應該開始肚子餓的時候，我就去問他，「肚餓了嗎？要吃奶嗎？」不需要等他哭，就已經滿足他想吃奶的要求。我覺得有點熱，就會去問他，「是不是很熱呢？來，媽媽給你撥扇。」又幫他把衣服換好，讓他舒舒服服，省去淚水。過了數小時，我會去問他，「尿片還乾嗎？給媽媽看看。」不需要他要求，我就幫他弄乾淨，那麼他就不需要用哭來告訴我。差不多睡覺的時間，我就先把他抱起，慢慢哄他，讓他睡覺。

我這個不給他機會訴苦的方法很有效，我的三個孩子都是快樂寶寶，很得人心。若不是父母親自照顧嬰兒，也可以告訴受託者這個方法，省卻嬰兒無謂的哭泣，令嬰兒和旁邊的人都更舒服，輕鬆很多。

若你是嬰兒的唯一照顧者，而你的嬰兒又哭得比較多的話，不要一個人孤獨的去面對，可以到有關部門，讓你和嬰兒得到專門的輔助。

13

離乳

過程和食品

SOLID FOOD
INTRODUCTION

離乳，是指引導依靠母乳或配方奶的嬰兒，開始吃固體食物。這並不表示完全戒奶，而是給嬰兒補充食品。開始給嬰兒吃固體食物，對父母和嬰兒來說，都是又緊張又興奮的過程。

食物是健康之源，健康是幸福的基礎。所以離乳是為你孩子的一生作好準備的重要階段。

什麼時候開始

大多數健康專家建議，嬰兒可以在大約六個月起進食固體食物。因為這個年齡的嬰兒，開始需要吸收從母乳或牛奶中找不到的額外營養。

如何知道自己的嬰兒可以開始進食固體食物呢？

專家認為有幾個條件：

· 首先，嬰兒要坐得好，能穩定的坐在高腳椅上。
· 要能控制頭部和頸部。
· 當大人把食物放進嬰兒口中時，他願意咀嚼，而不是反射性的用舌頭把食物從口中推出去。
· 還要觀察嬰兒能否看到食物在那裡，能否把食物拿起，放到嘴裡。這表示他有充分控制眼手和口的能力。

很少有嬰兒能在六個月前達成可以進食固體食物的條件，但如果你的嬰兒已有這樣的跡象，但還沒到六個月大，請向兒科醫生諮詢可否開始。

嬰兒開始吃固體食物之後，也要繼續餵母乳或配方，保證嬰兒能得到充分的營養。

剛開始時，寶寶吃多少東西並不重要，關鍵是讓他們學習咀嚼和吞嚥，接觸和欣賞各種食物的味道和口感。

吃飯了

中國家庭大部分是用湯和粥（米糊），作為嬰兒最初的離乳食品。

緊記不要加鹽或糖在食物中。

煮至柔軟的蔬菜和水果也可以給嬰兒食用，更可以逐漸加一些新鮮的肉醬，看看嬰兒是否能接受。

有些嬰兒不喜歡離乳食品的味道，那麼你可以加一點母乳在食物中，這會令嬰兒容易習慣。

隨著嬰兒成長，離乳食品也應有所轉變：

·六個月的嬰兒最重要的是學會吞嚥。

·七、八個月開始會動著小嘴練習咀嚼。

·九個月開始，嬰兒可以吃不太硬的、切碎了的粉麵、蔬菜和水果等等。

剛開始離乳的時候，一天大約吃固體食品一次。盡量為嬰兒提供不同的食材，讓他體驗到各種顏色、各種味道、各種口感，培養他喜歡和欣賞各種食品的好處。

慢慢，進餐的次數可以增加到兩次，到大約九至十二個月的時候，可以每天吃三餐，為他建立一個有規律的飲食習慣。

我的大孩子是吃上湯粥作為離乳食品的，慢慢在粥裡加肉醬和蔬菜。生二兒子的時候，我剛好在美國攻讀博士學位。因為生活非常忙碌，他離乳時吃了不少果蓉、乳酪。雖然也有吃中式的離乳食品，但沒有哥哥的講究，我到現在還有一點內疚。三兒子離乳的時候在日本，所以中日合璧，吃得特別豐富。

因為我盡量在離乳食品中為他們提供各式各樣的食材，所以他們完全沒有偏食，長大後也能管理自己的飲食健康，對烹飪也十分有興趣。

觀察孩子對食物的反應

每天觀察孩子進食之後的反應，是非常重要的。

我會看看他的排便有沒有異常，看看他是否對食物有敏感或偏食傾向，留意他吞咽和咀嚼的狀況是否正常。

慢慢你會知道什麼食物特別適合孩子，能分辨出他的體質，給他提供更健康的食品。從離乳開始，盡量選擇健康的食材，保證小身體不會受不良的添加品影響。

不應該讓孩子吃喝過甜的食品和飲料，以免他過份肥胖或得到糖尿病。

不需要強迫孩子吃太多，否則他會弄不清楚自己的食慾，長大後不能控制自己的食量。

盡量讓孩子吃不同種類的食品，讓他習慣和認識各種味道，避免他長大後出現偏食。

雖然面前的只是嬰兒，但已經可以開始鍛練他的飲食習慣。好的飲食習慣是孩子一生的財產。所以從他吃的第一口開始，輔助他建立一個健康和美味的飲食人生。

避免食用的食物

有些食品我們不能給嬰兒食用。相信大家很熟悉，但也提一下：

·生雞蛋可能含有沙門氏菌，會使寶寶生病，不能讓嬰兒食用。

·蜂蜜含有肉毒桿菌，會引起中毒，切勿給十二個月以下的嬰兒食用。

·含糖的飲料也不是好選擇。糖會損害牙齒和引致肥胖，當我讓嬰兒喝果汁的時候也會加冷開水，稀釋糖分。

·嬰兒的腎臟尚不能應付過多的鹽分，要避免加鹽的食品。

·未經消毒的乳製品可能含有會引起感染的細菌，不適合嬰兒。

・其他如低脂食品、即食品等等都要避免。

小心謹慎

開始吃固體食品的時候，有些地方我們要小心：

・第一是食物過敏。要小心觀察寶寶可能對某些食物過敏，尤其是家族病史中有食物過敏的話，風險會更高。（敏感的問題，請參考「問問醫生」章程）

最近有研究發現，在嬰兒六個月之前引入多種食物，可以預防食物過敏。若果你的家族病史有過敏症或嬰兒有濕疹，請諮詢醫生，是否應該早點開始進食固體食品。

・第二是窒息。最開始給嬰兒餵固體食物的時候，有些嬰兒會作嘔。但這是嬰兒身體為了防止窒息的反射作用，不用太驚慌。

窒息是非常危險的，因為這代表有食物阻塞氣道，寶寶無法呼吸。當寶寶面色變藍，不作聲或咳嗽時，可能是有食物阻塞氣管。嚴重的情況，寶寶會失去知覺，這時要趕快叫急救車。

在急救車到達之前，要幫忙急救。香港紅十字會有教導嬰兒窒息時的急救方法，請作參考。https://youtu.be/LKnrPUpM5sM

若父母能參加急救課程，在緊急場合也會有幫助。

為了不讓嬰兒窒息，父母應做好預防措施。嬰兒吃飯時要坐好，不要爬來爬去。有食物放在寶寶面前時，切勿無人看管。不要提供一些危險的食物，例如整粒的堅果、葡萄、藍莓，或可能含有骨頭的肉和魚等。

「吃」對嬰兒來說是一種全新的技能。有些嬰兒比其他嬰兒能更快地接受新的食物，但有些嬰兒會抗拒。請父母繼續努力，給寶寶多點鼓勵和稱讚，一定能成功的完成這個過程的。

一歲以後，寶寶慢慢可以和家人一起吃飯。雖然吃的食物不同，但飯桌的氣氛，因為多一個小生命，會變得更加融洽和幸福。爸爸媽媽請加油！

第六部

談衛生

TALK HYGIENE

人活著，就自自然然會骯髒。
嬰兒也是一樣。
未能清潔自己的嬰兒，
需要父母來為他弄衛生。
洗澡後換了尿片的嬰兒，
是世上最可愛可親的動物。
多謝寶寶活著，
多謝寶寶骯髒。

14

換尿片、上廁所

DIAPERS AND TOILET TRAINING

新手爸爸媽媽都會有點擔心換尿片的問題。

其實換尿片是非常容易的，而且你會有很多練習的機會。因為新生兒每天大約要換八至十次尿片。直至他學會上廁所為止，平均會用三千五百張尿片。

換尿片的步驟非常簡單，不需要學習，但父母可以作好準備，令自己更有信心。

換片站

我建議在家裡找一個安全的角落，設立一個「換片站」。找一張穩妥的桌子或櫃子，上面鋪好毛巾，放好尿片、棉花球、紙巾、小毛巾等等需要的東西。每當寶寶需要換片時，就把他抱到「換片站」進行。這個方法比較清潔，而且容易處理，不用跑來跑去。

換尿片

父母首先要選擇適合嬰兒的尿片。

我贊成用紙尿片，雖然並不環保，而且費用也高，但比較衛生和方便。

洗淨新生兒的屁股時，我提議用棉花球和溫水。因為新生兒的皮膚比較敏感，盡量避免有刺激性的濕紙巾。洗乾淨之後，要把剩餘的水用紙巾抹乾，預防感染。

換片前後，大人要把手洗乾淨，避免傳染疾病給寶寶。

當你丟棄用完的尿片時，記著要重新貼好，保持清潔。換尿片的時候，小心觀察嬰兒的大便和小便。若果小便有異味或大便有異樣的話，請與醫生商量。

上廁所

零至十二個月的嬰兒，一般父母不會教他上廁所。但我為了讓孩子們早一點感受到自己的排泄能力，從八個月開始，我開始和他們一起上廁所。

我的做法是，抱著沒有穿尿片的寶寶，一起和他面對水缸坐在廁所上，也就是說，不是對著外面，而是反過來坐。這時媽媽不用脫褲子，寶寶的屁股剛好在廁所中心。

然後問他，「要小便嗎？噓……噓……」用聲音幫他帶來小便的感覺。多做幾次，寶寶真的會撒尿出來，還會充滿好奇的望著小便從自己的身體排出來。

大便也是一樣。我會對寶寶說，「今天還未有大便，我們去廁所試試看。」到了廁所又是一樣，一起坐在坐廁上，一面輕輕按摩他的肚子，一面「唔……唔……」的教他用力，然後耐心等候他大便。當初寶寶不了解，但過了幾次，突然發現了如何用力推大便出來。我還記得我和寶寶的驚喜，「嘩！真的出來了！你太棒了！媽媽太高興了！」

因為用了這個方法，三個兒子都在十八個月前後就會告訴我要上廁所，很快就戒尿片了。從小訓練，真的有效果。這也是愛在起跑線。

問問醫生，換尿片時的衛生要注意什麼？

醫生說

1. 先把嬰兒放上乾淨的換片台或換片紙巾上；
2. 打開尿片，把髒污的尿片摺起來，放在一邊，不要讓嬰兒接觸到；
3. 用清水浸泡過的棉花或濕紙巾洗屁股，務必從前面向後洗；
4. 用乾紙巾或乾布，刷乾淨包尿片的範圍；
5. 在屁股及附近塗上油膏；
6. 換上新尿片，包緊後才穿衣服；

7. 洗洗寶寶的手，然後把寶寶放在安全的地方；
8. 把髒污的尿片、用過的棉花或濕紙巾，扔進有蓋的垃圾筒；
9. 把換片台刷乾淨，或把換片紙巾換掉。

15

洗澡

BATHING
PROCEDURES

為了保持嬰兒乾淨，請隔天為嬰兒洗澡。若果嬰兒是喜歡洗澡的話，可以每天幫他洗，每次大約十分鐘左右就足夠。

至於在什麼時候洗澡的問題，其實只要找一個寶寶不累的時間就可以。

若你是全職媽媽，早上或下午非常適合。若你是工作媽媽，晚上回來之後也可以。因為洗澡是你和寶寶交流的貴重時間，盡量親自為他洗澡，加強親子聯繫。

洗澡過程

洗澡前，為嬰兒準備一個嬰兒塑膠浴缸，放大約五吋深的水，水溫攝氏三十七至三十八度左右；若是有皮膚過敏的嬰兒，水溫應是大約三十四度。

把需要的東西都準備好：毛巾、嬰兒肥皂、乾淨的衣服和尿片、棉花球等等。

洗澡的地方不一定要在浴室，也可以在一個溫暖的房間。

為新生兒洗澡是比較難的，因為嬰兒的頭部和頸部仍未牢固，大人需要一手托著他的頭和頸，另外一隻手來幫他洗乾淨。我的手比較小，所以當初要待爸爸回家幫忙，才能為嬰兒洗澡。

但習慣之後，就不會覺得那麼困難。

在放嬰兒進浴缸之前，先用濕毛巾或棉花球把嬰兒的臉洗乾淨，然後小心地托住他的頭和頸，輕輕把他放進水裡，用小毛巾洗淨他的全身。

請用嬰兒專用的肥皂，避免有刺激性的化學原料令寶寶的皮膚受損。

準備好一個溫暖和舒服的地方，放一條大毛巾，抱起洗完澡的寶寶，放在毛巾上包起抹乾。若你的嬰兒皮膚比較乾燥的話，可以為他抹一點潤膚油。

幫他穿好衣服後，抱起他，讚賞他做得好。

千萬要注意

注意，千萬不要讓嬰兒一個人留在浴缸裡。

再淺的水對嬰兒來說也是非常危險的。尤其是當嬰兒可以坐起來之後，看到嬰兒一個人坐得很穩定，媽媽忘記了毛巾，以為寶寶坐著沒問題，可能就會說，「媽媽去拿毛巾，你等等媽媽。」

但嬰兒的行動沒有人能預測，若他突然翻身，就會在很淺的水裡，在非常短的時間之內溺斃。每年都有這種悲劇發生，所以要特別小心。

讓寶寶喜歡洗澡

為了讓你的嬰兒喜歡上洗澡，你可以一邊幫他清潔，一邊和他說話唱歌，令他覺得洗澡是非常快樂的時光，那麼他就會期待洗澡，不會一見到水就哭。

我有一位朋友媽媽，她的性格比較緊張。所以每當她幫嬰兒洗澡的時候，都會很大聲的給旁邊的人發命令，又會責罵其他人太慢。因為她情緒激昂，旁邊的人又慌張，小寶寶一知道要洗澡就會大哭。

為寶寶洗澡，好像上戰場一樣。

後來我告訴她，「不要太緊張，盡量保持安靜。」我請她準備好所有需要的東西，叫其他人離開，享受和寶寶洗澡時的二人世界。過了一個星期，小寶寶不再在洗澡時哭了。

媽媽朋友建立了信心，抱著寶寶來告訴我，「原來幫寶寶洗澡很好玩呢！」

對的，只要媽媽有信心、又開心，寶寶就會享受和你在一起的時間。

因為日本有共浴的習慣，所以我和孩子們很早就開始一起洗澡。孩子大約八、九個月，我就會和他們一起洗澡。日本浴室是先在浴缸外面洗乾淨後才進浴缸的，所以我先清潔自己，然後請爸爸把寶寶交給我，一起進浴缸，好像泡溫泉一樣。

我特別懷念與寶寶一起洗澡的時光，很溫馨很快樂。

第七部

不獨愁

DON'T WORRY ALONE

育嬰時會遇到很多大大小小的問題，
最重要的就是不要孤獨的去憂愁。
找人談談，找專家治療，
找人幫忙照顧嬰兒。
一個人去擔當所有育嬰的責任是不可能的。
你做得到，你是超人。
你做不來，是應當的。
所以不要獨愁，多與人商量商量。

16

產後憂鬱

MATERNITY
BLUES

懷孕和分娩對女性的身體來說，是一件非常高壓力和重負擔的過程。

分娩時的不安、痛楚、體力的消耗，會引發一連串強烈的情緒。從興奮和快樂到恐懼和焦慮，經過這激動的過程，有很多媽媽會在生產之後情緒低落。

這主要發生在產後的第一天到第十天之間，是一種短暫的情緒變化，其特徵包括情緒波動、焦慮、悲傷、易怒、感到不知所措、哭泣等等。

產後憂鬱的原因，還未有明確的斷定，但專家認為，這與懷孕期間以及嬰兒出生後再次發生的荷爾蒙變化有關。

這些荷爾蒙的變化，可能會在大腦中產生化學變化，導致抑鬱。

眼淚來了

大部分的產後憂鬱症，通常應在分娩後十四天內減輕並消失。

我在大兒子出生的時候，過了幾天，突然覺得很傷感，不知不覺在流淚；又會覺得焦慮，感到自己不知道應該如何照顧嬰兒，感到頹喪。

但因為我在懷孕期間，已知道有關產後憂鬱的可能性，所以當時我告訴自己不要驚慌，那種感覺是正常的反應，很快就會過去。

要減輕產後憂鬱的症狀，最好的方法就是和旁邊的人談談你的感受。

當時我和丈夫說，「就如書中說的一樣，我的產後憂鬱來了。」我們兩人互相微笑，令我的心情好了很多。

另外很重要的事，就是要吸收充足的營養和爭取休息。因為經過分娩，身體失去大量營養和體力，需要好好補充，才能平衡身心的健康。

你不是孤獨無援

若可以的話，找人來幫你照顧一下嬰兒，令自己不會覺得孤獨無援。若你是單身媽媽或旁邊沒有人能幫忙你的話，也可以上網尋求支持。

憂鬱的症狀持續超過十四天，則可能表示病情嚴重，置之不理的話，可能會影響你不能好好的照顧嬰兒。

若你發覺自己有食慾不振或過高，對嬰兒或自己平常生活失去興趣，不願與人交流，覺得絕望等等的症狀，就要趕快去找專門人士和醫生商量。

記住，不要一個人去憂慮，你不是孤單的。若身旁沒有理解你的人，不要著急，可以幫助你的人，社會上很多。

覺得焦慮，並不表示你不是一個好媽媽，你只是需要一點支持而已，不要猶豫，尋求協助。

17

過敏病

ALLERGIES IN BABIES

問問醫生，最近很多孩子都有過敏病，可否為我們解釋過敏病的原因、餵養嬰兒時的注意點，和照顧過敏嬰兒的方法？

醫生說

過敏症影響著世界上三分之一的人口。

過敏大多是遺傳的。如果配偶其中一個有過敏症的話，孩子就有百分之四十的機會患上過敏症；要是配偶兩個都有過敏的話，孩子過敏的機率更會上升到百分之六十。家族病史有過敏的，孩子過敏的機率也不低。

醫學界還沒有方法預防過敏症的發生，初步的建議，並未能得到整個醫學界的共識。

很多人都有過敏的基因，但不一定每個人都會發病。為什麼呢？因為，基因的啟動是它與環境互動的結果。如果基因沒有被環境裡的過敏原啟動的話，過敏基因未必會表現出來，過敏病也就不會發生。只有基因被啟動了，嬰兒才會患上過敏病。

有的嬰兒一出生就過敏，是因為他的過敏基因在媽媽肚子裡面時已經被啟動了！所以他才會對他自己從來沒有碰過、沒有吃過的東西過敏。

就免疫系統來說，人生分為三個階段，零到十五歲是兒童階段，免疫力不成熟；十五到四十五歲是成年人，免疫系統最強；四十五歲以上，免疫系統開始衰老，返老還童。所以，第一階段的兒童特別容易患上過敏症。這一階段又分為三個時段，零到三歲為最幼嫩，最多過敏；三到八歲好一點，八到十五歲免疫系統更成熟了。

故此，初生到一歲的嬰兒可以說是最多過敏問題的。

在嬰兒期最常見的過敏症是食物過敏，接著是濕疹、鼻子過敏、氣管過敏、蕁麻疹、過敏性水腫、過敏性休克、接觸性皮膚炎等。

食物過敏

食物過敏的症狀是怎樣的呢？

最常見的反應出現在消化系統：如肚子疼。吃過奶或母乳就哭，怎樣哄也哭不停。或是拉肚子、腹瀉，又有可能出現便秘、吐奶等症狀。

另外常見的症狀是濕疹，臉上和肚子長紅點，四肢長紅斑，長乾皮，通常都很癢的，嬰兒會抓，會用臉去刷枕頭等以止癢。有的會出蕁麻疹，其他症狀可能不太明顯，例如咳嗽及體重減輕。

濕疹

大家叫的奶癬其實就是濕疹的一種。主要在臉頰上長紅點，有時候是分開的，有時候是連在一起的，都很癢。

毛孔角化症也是一種輕微的濕疹，多長在臉頰、手臂、腿上。嚴重一點的就是紅腫皮膚炎，多見在臉頰、手肘、膝蓋後面、屁股、肚子等，都很癢。更嚴重的可能會有滲水、潰爛的現象出現。

鼻子過敏

症狀大多是流鼻涕，或是鼻塞，打噴嚏比較少。鼻子過塞可能影響睡眠和吃奶。

氣管過敏

咳嗽、哮喘、呼吸困難或急促，都可能是氣管過敏的症狀。如果感染到致病源，症狀會更嚴重。凡呼吸有問題，一定要早點就醫，因為可能會致命。

蕁麻疹

也叫風疹，像給很多蚊子叮過一樣，一片片不規則的紅腫塊，在不同部位的皮膚表面浮起來。症狀可以像風一樣很快退掉，也可以維持幾天，都很癢。

過敏性水腫

是比較嚴重的過敏症，多發在眼簾、眼皮、嘴唇、四肢等，又紅又腫，但是按下去時不會下陷，也不癢。

如果發生在咽喉，就會呼吸困難，甚至窒息。所以，發現嬰兒有過敏性水腫，一定要立刻就醫。

過敏性休克

是最嚴重的過敏疾病，隨時會致命。致敏原刺激免疫系統作出過激反應，微絲血管釋放大量血液中的水分到附近的組織，令血壓突然降低到休克程度，當主要器官得不到血液供應的話，尤其是心臟和腦部，嬰兒就會不省人事，然後很快死亡。

接觸性皮膚炎

是身體對接觸物作出的過敏反應，例如對金器過敏的，會在接觸到金屬的皮膚表面發炎，紅腫，痕癢。對面霜過敏的，就會在塗面霜的臉上發炎。對尿過敏的，就會在尿片範圍內發炎。

治療方法

要治療過敏症，一定要找出過敏原。最好是請教醫生，有幾種測試方法都可行，例如血液測試、點刺測試、補丁測試等，但以點刺測試最為準確。所謂點刺測試，即是將過敏原的濃縮液點於嬰兒的皮膚上，測試有沒有過敏反應。

食物是最常見的致敏原。餵哺母乳的媽媽，要檢視自己吃的食物，看當中是否含牛奶、雞蛋，因為這些都是最容易引起過敏的過敏原。可以試試不吃這兩種食物，看寶寶的情況會否改善。也可看看寶寶發病之前你吃過什麼，慢慢測試避免可能是過敏原的食物，可能會成功。

餵奶粉的媽媽，就可以試試讓寶寶吃其他奶粉，如豆奶、氨基酸奶等。如果症狀消失，那就是成功了。找出過敏原後，不再讓嬰兒進食致敏的食物，他的症狀就會消失，病情就會好轉。

塵蟎廣泛存在於很多家庭裡，是一種重要的過敏原。很多患皮膚、氣管或鼻子過敏的嬰兒都對它過敏。

要杜絕塵蟎，只保持家居清潔是不足夠的。塵蟎以人掉下來的皮屑為食，所以要清除家裡所有能夠藏皮屑的物品，如毛毛玩具、地毯、布藝梳化，改用能清洗的物品。床鋪被褥都要用熱水洗，寶寶的衣服也一樣。也可以用天然的精油來除蟎。

要是這些都做了，還是沒有效果，過敏原又找不到，就要趕快找醫生幫忙，檢出過敏原，治好寶寶的病。

就是避免了過敏原，皮膚仍是紅腫潰爛的話，就更加要找醫生幫忙了！

如何照顧食物過敏的寶寶？

如上面提到，餵母乳的媽媽要是發覺寶寶有食物過敏，便要戒口，所有令寶寶過敏的食物都要避免，千萬不要吃。

但是，寶寶要開始吃固體食物了，媽媽應該怎麼辦？已經知道的過敏食物當然不能給寶寶吃，其他的食物又該怎樣開始呢？

最新的醫學報告發現，越早給寶寶吃容易過敏的花生，他得到花生過敏的機會越少。這個結論跟傳統共識是不一樣的，所以，在選擇給寶寶吃什麼時，不需要有太多的包袱。

給寶寶離乳食物時，最好先從碳水化合物開始，通常先試大米。把大米放入沸水煮一個小時，然後撈起來，製成糊狀（可用茶匙研碎，也可用攪拌機，但都要先消毒過），加入母乳，用小茶匙餵寶寶。

第一天給四分一茶匙，第二天二分一，第三天一茶匙，第四天兩茶匙，第五天三個，第六天四個茶匙。如果寶寶吃了六天都沒有問題的話，媽媽應該可以放心把米加進寶寶的飲食裡了。其他食物處理的方法也是一樣。

第二種食物要給寶寶吃的是蔬菜，第三種是水果，第四種是蛋白質，可以是肉類。所有食物都要煮一個小時才可以餵寶寶，為什麼呢？因為水煮時，大部分過敏原都會溶進水裡面，留在食物裡的比較少，不會那麼容易引起過敏。

用這水煮的方法，就可以測試到寶寶對什麼食物不過敏，可以食用。

要是寶寶吃後立刻有反應，可能是肚子疼，或出疹、水腫、紅腫，那他就是對這食物過敏，暫時不適宜食用，應過半年後再試。

另外，媽媽應該事先準備好抗組胺受體拮抗劑，這是一種抗過敏藥，可以在藥房買到，如果寶寶過敏反應較大，立即給他服用，更嚴重的，就要立刻看醫生。

濕疹嬰兒的護理

患上嚴重濕疹的嬰兒需要特別照顧，因為他會感到非常痕癢，所以會有點情緒不穩定，可能哭得比較多，睡得比較差，要媽媽抱得比較多。

濕疹寶寶的皮膚有先天性缺陷，缺油缺水，是非常嚴重的缺水，所以護理時一定要為寶寶的皮膚保濕。因為皮膚細胞一旦嚴重缺水，就會死亡，然後引起發炎，皮膚變得紅腫、痕癢，抓過後更會受到感染、出血、潰爛等。

首先，千萬不要用酒精刷皮膚，也不要用過熱的水洗澡（水溫要低於三十四度），因為這些都會把皮膚表面的油分洗去。那是皮膚的保護膜，失去這層保護膜，就會讓皮膚細胞直接暴露在空氣裡，水分被抽出，做成傷害。

第二，不要用含酒精和乳化劑的潤膚霜、潤膚膏、潤膚露等，原因也是一樣，怕皮膚表面的油分被洗去，令皮膚細胞缺水。

第三，不能讓寶寶抓患處，一抓就會讓皮膚發炎的情況更嚴重，更容易感染細菌，更難痊癒。要不讓寶寶抓患處不容易，可幫他戴手套，並多在他身旁看管，防止患處惡化。

第四，不能讓寶寶直接暴露在陽光下，因為紫外線照射皮膚，就好像抓皮膚一樣，做成發炎，很難根治。

第五，洗澡時，最好是用含保濕功能的沐浴油，千萬不要用肥皂。

總之，最重要的是做好保濕，每天隔幾個小時就為寶寶潤膚。先塗水，最好是特效的保濕水，然後才薄薄的塗上一層潤膚軟膏（不能含乳化劑），務求寶寶的皮膚經常都是濕潤的。

保濕的功夫做得好，濕疹會好一半。

氣管過敏的寶寶很脆弱？

要照顧氣管過敏的寶寶是不容易的。問題不是怎樣去醫治寶寶，因為發病時一定要由醫生照顧，而是怎樣去預防他發病。

首先，要為他避免過敏原，無論是食物、空氣裡的、床上的，都要盡量從環境裡清除，不要給寶寶有機會接觸到。

第二，不要讓寶寶生病。要穿得暖，不著涼。不給寶寶去容易感染病菌的地方，不接觸有傳染病的人。有一點流鼻水便趕快看醫生，不能讓病情惡化。因為病菌是最強的過敏原，氣管的反應最為強力。

第三，不給生冷、冰凍的食物寶寶吃。寶寶的食物應該是熟的、溫的，因為煮熟的食物過敏原和病菌都比較少，減低過敏和生病的機會。況且，生冷食物經過食道時有機會刺激氣管，引起氣管收縮。記著，每一次發病都會留下痕跡，長此下去，寶寶將來的肺功能就會降低，對成長構成障礙。

故此，要是家裡有一個過敏的寶寶，一定要找一個你信賴的醫生，找出寶寶的過敏原，小心地保護寶寶，讓他可以正常地成長。

18

託兒的問題

CHILDCARE CONCERNS

有很多媽媽因為工作上的原因，需要找人幫忙照顧嬰兒。把自己的寶寶交給別人照顧，媽媽會憂慮是否找到了最佳人選，精神上的負擔比較重。

在香港，有很多年輕媽媽會把嬰兒交給祖父母照顧。因為對方是自己的父母，媽媽可以比較安心。

也有很多年輕家庭會聘請外傭，寶寶就會交給外傭照顧。

更有一些媽媽利用託兒所，把嬰兒交給專人照顧。

父母把嬰兒交給受託者前，一定要看清楚他究竟是否適合你的寶寶。

無論用什麼託兒方法，父母要保持和寶寶的密切聯繫，讓寶寶知道誰是爸爸媽媽，也要盡量堅持自己作為主要照顧者的身份，否則嬰兒不會覺得你是他生命中最重要的人，感受不到你的愛，長大後有可能對你沒那麼愛護和尊敬，這是很可惜的結果。

祖父母

交給祖父母照顧的時候，爸爸媽媽要留意自己是否能與嬰兒建立鞏固的聯繫。若嬰兒只願意和祖父母交流，爸爸媽媽就會失去教導和愛護孩子的主導權。

也要明白祖父母是上一代的人，他們的教育方法是否適合要面對未來的嬰兒？還有你與你父母的教育宗旨是否一致呢？祖父母因為疼愛孫子，可能會造成溺愛，令孩子變得任性，難以教導。

當然，這些憂慮，可能在嬰兒出生之後的十二個月，不會有太大的影響。但你需要決定，究竟要讓祖父母帶小孩子多久呢？如何令小孩子知道，你雖然大多數時間不在身邊，也是盡了全心全力的去愛護他呢？

這對小孩子日後待人處事的態度，會有重大影響。

所以在孩子出生的時候，爸爸媽媽應該好好討論，如何處理把嬰兒交託給祖父母的期間和方式。

我有幾位朋友，因為孩子出生後立即交給父母帶，到現在也沒辦法和孩子們建立密切的關係，所以作出決定前請三思而行。

傭人

交給外傭或保母照顧小孩子的家庭很多，相信大部分都沒有什麼問題。

有很多外傭姐姐或保母，都會非常愛護受託的嬰兒。

但這本書也提過，從出生至十二個月為止，充分的愛護、關注、不時提供新事物的刺激、人與人的正面交流，會直接影響嬰兒大腦的成長。得不到以上照顧的嬰兒，會失去建立健全腦袋的機會。嬰兒的一生，會受照顧者的做法變好或變壞。

因為這是一個關鍵的成長階段，父母要好好的跟外傭或保母商量，教導她們如何去照顧嬰兒，確保能供給孩子一個充滿愛心和多元化的環境。

很多時候我到公園散步，會看到很多外傭和嬰兒們。外傭們一起談話，看手機，嬰兒們就各自坐在嬰兒車上，呆呆的缺乏表情看著空氣。

見到這種情況，我覺得非常痛心。

因為嬰兒需要不時的關懷和刺激，來幫他們建立一個靈活的腦袋，若果每天當父母上班的時候，嬰兒大部分時間只是睡在床上或坐在嬰兒車上的話，他們有可能會發揮不到自己的可能性，輸在起跑線。

所以交託嬰兒予他人的父母，要小心觀察嬰兒的成長。看他是否有靈活的反應，豐富的表情，會否踴躍的與人交流。

若看不到正常反應的話，要多用時間與寶寶交流，令小寶寶有充足的刺激來促進腦的成長。看嬰兒肥肥胖胖，並不表示沒有問題，因為內心和腦袋的成長，也是我們需要擔憂的。

託兒所

把嬰兒交給託兒所的父母，應在懷孕期間，多去參觀各種託兒所。留意託兒所的設備是否充足和衛生，觀察裡面的嬰兒和小朋友的表情和狀況，看看他們是否滿足和歡樂。

要觀察在託兒所工作的老師和保母是否能迅速的對應孩子們的要求，是否寬容和充滿愛心。

當你決定了託兒所，把嬰兒送進去之後，也要小心留意嬰兒的變化，譬如體重、睡覺的情況、表情等等。若果覺得託兒所並不理想的話，應盡快下決斷，換另一所或尋找其他託兒方法。

很多父母可能覺得，零至十二個月的嬰兒什麼都不懂，誰來照顧也不會留下什麼深刻印象。其實這種想法是錯的。

嬰兒從一出生之後就不斷的在學習，不停的在感受，在無意識之中吸收的東西會留在他腦袋和心靈上，是很難改變的。

若果他在這個期間，覺得世界是可以信任，而自己是有價值被愛的話，他的自我肯定能力就會提高。

但若果他在這個期間得不到充分的照顧，覺得自己價值不高的話，他的自我肯定能力就會降低。

所以雖然零至十二個月的嬰兒不會說話，但我們當父母不能輕視這關鍵的期間，一定要灌輸無限量的愛去養育嬰兒。

受託照顧者是父母育兒的伙伴，所以父母要多了解他們的性格和做事的方法。能找到一個理想的照顧者並不容易，但請不要氣餒，最重要的是你和嬰兒的聯繫。

盡量找時間多和你的嬰兒共處，不要讓他度過寂寞和單調的十二個月，浪費了成長的黃金期。

第八部

小心好

BETTER TO BE CAREFUL

育嬰時最可怕的就是粗心大意。
凡事都要小心好。
不明白的，不可解的，
就找醫生談談。
不用怕人家說你大驚小怪，
最要緊的是嬰兒的安全和健康。
要做小心的父母，
不要做大意的家長。

19

看醫生

WHEN TO SEE A DOCTOR

當父母最大的憂慮就是擔心寶寶生病。

問問醫生，什麼時候要帶嬰兒看醫生呢？

醫生說

美齡給我這個題目，我覺得很有趣。新手媽媽不是很多都恨不得醫生就住在她隔壁，隨傳隨到的嗎？為什麼到嬰兒長大一點，媽媽又好像覺得不需要醫生，不願意去做檢查？

例行檢查

首先，媽媽一定要定期帶寶寶到母嬰診所或小兒科醫生診所，去檢查和打疫苗。大家出院時應該都會收到一個表，我在這裡也提供一個，千萬不要忘記去打針，疫苗是預防疾病的最好方法。

年齡	疫苗種類
初生	卡介苗 乙型肝炎疫苗（第一次）
一個月	乙型肝炎疫苗（第二次）

兩個月

白喉、破傷風、無細胞型百日咳及滅活小兒麻痹
混合疫苗（第一次）
肺炎球菌疫苗（第一次）
乙型流感嗜血桿菌（第一次）
輪狀病毒疫苗（第一次）

四個月

白喉、破傷風、無細胞型百日咳及滅活小兒麻痹
混合疫苗（第二次）
肺炎球菌疫苗（第二次）
乙型流感嗜血桿菌（第二次）
輪狀病毒疫苗（第二次）

六個月	白喉、破傷風、無細胞型百日咳及滅活小兒麻痹混合疫苗（第三次） 乙型肝炎疫苗（第三次） 乙型流感嗜血桿菌（第三次）
十二個月	麻疹、流行性腮腺炎及德國麻疹混合疫苗（第一次） 肺炎球菌疫苗（加強劑） 水痘疫苗（第一次）

有的預防針是政府免費提供的，有的是自費的，都值得打。

這十幾年來，網上有很多謠言抹黑預防針，說什麼會引起自閉症、癲癇等，都是站不住腳的，千萬不要相信，否則只會害了寶寶。發達國家和發展中國家都爆發過痲疹疫情，死了人，害了命，就因為媽媽沒有為寶寶打疫苗。

第二，一般母嬰檢查都是安排在寶寶一個月、兩個月、三個月、五個月、十二個月的，去打疫苗時，如果寶寶有身體或腦部發育不良的話，也可以趁機讓醫護人員發覺，及早治療，何樂而不為呢？

除了上面說的例行檢查，寶寶什麼時候一定要看醫生呢？

其實，寶寶初生時，已經看過醫生了，如果發覺有問題，寶寶就一定出不了醫院。可是，現在很多寶寶出生兩三天，很多問題還未能察覺時，已經早早回了家，媽媽就要多加留意。

首先，新生兒可能會有遺傳病，有的遺傳代謝病要盡快洞悉，及早治療才能避免嚴重的後遺症。

新生兒頭一週可能會有黃疸問題，要是血液裡黃疸素太高的話，可能會損害腦細胞，甚至對生命構成威脅，一定要多留意。黃疸病是很容易醫好的，多用光線治療，非常簡單，父母千萬要察覺。

有時，新手媽媽可能不夠母乳但又不自知，嬰兒吃不夠，就可能會脫水，這可對腦部造成永久傷害和對生命構成威脅。脫水的寶寶症狀不明顯，可能就只是疲倦，和少一點反應而已。

新生兒感染了病菌也不一定會發燒，因為他的免疫系統太弱，不會反應，就連肺炎也僅僅是呼吸比較快而已。

所以，要注意嬰兒如果出現以下症狀，就要快去看醫生：

1. 非常疲倦，睡不醒。
2. 吃得很少
3. 嘔吐
4. 呼吸太快
5. 痙攣、抽搐。
6. 肌肉無力
7. 沒有反應
8. 無意義的伸舌頭等動作，可能是癲癇病的先兆，也可能是腦部有問題的症狀。
9. 小便太多或太少，或有異味。
10. 大便太多或便秘，或有血。

11. 臉太黃，眼白黃（黃疸病）。
12. 臉太黑或紫，可能是先天性心臟病，也可能是感染。

隨著嬰兒長大，他的反應也開始轉變，不過，寶寶還是小，反應跟大人的不一樣。察覺到下面的症狀，也是趕快去看醫生：

1. 吃的問題：不吃不喝，少吃少喝，給最愛的東西也不吃。
2. 睡眠的問題：睡得太多，昏睡，睡不安寧，邊睡邊哭，不睡。
3. 哭的問題：哭不停，大哭，用什麼方法哄也無效，不停鬧彆扭。
4. 疲勞的問題：非常疲倦，沒有反應。
5. 情緒的問題：不動，不玩，給他最愛的玩具也不要。
6. 大便的問題：拉肚子，大便稀，大便水，大便次數太多，大便有血，大便顏色不對，便結，幾天沒有大便。

7. 小便的問題：小便太多，太頻密，顏色太深（紅、啡、深啡），小便太少（一天只有幾遍）。

8. 嘔吐的問題：吐奶量太多，或太多遍。

9. 又吐又便秘，或者大便出血，就可能是腸塞，不立刻處理，會有性命危險。

10. 發燒

11. 咳嗽

12. 呼吸太快（一分鐘超過三十遍）

13. 流鼻涕（尤其是黃、綠色的），鼻塞。

14. 出疹，臉、手腳紅腫。

15. 痙攣、抽搐等。

16. 突然不動任何四肢：可能有骨折或關節脫位

慢性問題方面，嬰兒可能有自閉症、智障、遺傳病、心臟病、腎病等，早點發覺，早點醫治，有機會好轉。

1. 生長發育緩慢：達不到生長指標，不長高，不長重，頭圍不長。
2. 語言發育緩慢
3. 視力發育緩慢：好像看不見，斜視。
4. 聽力發育緩慢：好像聽不到
5. 肌肉發育緩慢：肌肉無力
6. 腦部發育緩慢：社交發育沒有正常反應
7. 沒有眼神接觸
8. 不聽指示

若有以上的情況，及早求醫為上。

20

安全的環境

SECURITY MEASURES

在先進國家，大部分的嬰兒死亡案例，都是因為受傷。嬰兒天生好奇，但還未能分辨出什麼是安全，什麼是危險。

大部分的嬰兒意外和受傷，都是可以預防和避免的。在家裡為寶寶建立一個安全的環境，是父母的責任。更重要的就是零至十二個月的嬰兒，需要有大人在旁邊看守。

嬰兒的成長速度飛快，可以做出我們預期不到的動作。他們會翻身，爬得很快，會拉東西，把東西放到口裡，從高處墮下等。

讓我們看看，有什麼可以預防和減低嬰兒受傷機會的方法：

- 家裡不要用玻璃枱面或擺放易碎的飾物，避免不小心打碎，傷害嬰兒。
- 當嬰兒坐在高腳椅、沙發或床上時，不要讓嬰兒沒有人看管。
- 當你抱著嬰兒時，不要喝熱飲，以防倒灑在嬰兒身上。

- 不要把膠袋放在嬰兒能拿到的地方，以防止窒息。
- 給嬰兒的玩具，應該選擇柔軟而不會破碎的。更不要買細小的玩具，否則嬰兒會放進口中，有阻塞氣管的風險。
- 前章有提過，要讓嬰兒仰睡，不可以讓他俯睡，否則會有窒息的危險。
- 小心家裡的窗門，要把沙發拉開，遠離可以打開的窗門，以防嬰兒爬上沙發，打開窗門而墮樓。
- 蓋上插座，防止嬰兒把小手指伸進插槽而觸電。
- 別針、釘子等尖而小的東西，都不要放在嬰兒可以拿到的地方，鋒利的東西也一樣要小心。
- 家裡若有樓梯，必須設欄杆，以防止嬰兒掉下去。
- 切勿讓嬰兒和動物單獨在一起。

・所有危險的化學品、藥品都要收好。

・坐車時，要用嬰兒汽車安全座椅和綁好安全帶。

・要留意家居衛生，保持家居清潔，防止嬰兒受病菌感染。

・不要在嬰兒面前吸煙，也要小心處理煙蒂。因為每年都有很多嬰兒，因為吃下煙蒂，而要送醫院治療。

・如你是主要照顧嬰兒的人，不要過量飲酒。

要注意的事項，實在數之不盡。

但最重要的，就是保證一直有人照顧嬰兒。這是最好、最安全的方法。

待意外發生之後，後悔也會太遲。所以盡自己的力量，去供給嬰兒一個安全的環境吧。

問問醫生，家居衛生如何做起？

醫生說

從寶寶回家的第一天開始，家就要加倍乾淨。

每天都要清潔地面、家具、玩具、牆壁、浴室、衣服等，不可馬虎。寶寶喜歡新奇，經常四處探索，未能自由走動還好，一旦能爬行，就會把什麼都往嘴裡送。家裡不乾淨，寶寶就容易生病。

所有危險和不衛生的東西都要收藏起來。例如電插座等要封起，廚房、洗手間等也要攔起來，不讓他爬進去。意外隨時可能發生，預防勝於治療。

21

臍帶血

UMBILICAL CORD BLOOD BANKING

最近的一個熱門話題，就是有關儲臍帶血的事。

新生兒出生時的臍帶中的血，因為含有很多幹細胞，非常珍貴。現在的技術，可以把這臍帶血儲藏起來，有待將來若嬰兒需要用臍帶血來治病時，可以解凍後採用。

因為這是一種新的科技，所以除了有官方收集臍帶血之外，亦有很多商業機構推薦父母付出高額的費用，為嬰兒儲臍帶血。

對此，有些父母覺得很難抉擇。

個人來說，我覺得把臍帶血棄掉是有點可惜的，但付出巨款來儲存大有可能用不著的臍帶血也不是太理想。若是我的話，我會用來救助現時有病而需要臍帶血的人，或提供給研究機構。這樣嬰兒長大時，我可以告訴他，「你一誕生，就幫助了他人，可能救了人家的一條命呢。」

至於應否把臍帶血存起，留給嬰兒將來使用，這個選擇，有很多爭議。

問問醫生，可否為我們談談儲臍帶血的細節和利弊？

醫生說

這十幾年來，商業性的儲臍帶血公司如雨後春筍般冒出來。他們不停地宣傳，提倡這是一種新的生物保險，叫爸爸媽媽為寶寶的未來健康買保險。

臍帶血含有很多幹細胞，將來要是寶寶患上了血癌，需要自體輸血移植幹細胞，就很容易而且便宜，不像骨髓移植那麼昂貴且可能引起拒絕反應。

不過，這種情況的機率是不高的，大概一千四百到二萬分之一。可是，為了加強家長對這份保險的信心，很多宣傳單張宣稱，臍帶血裡面的幹細胞不但能治療白血病（血癌）、代謝病，更能治療其他癌症、柏金遜病、糖尿病、修復破損的心臟細胞，甚至治療風濕性關節炎。這些把將來的科學可能變為現在的可行治療，說法是站不住腳的。

通常，臍帶血是在寶寶出生時或出生後抽取。要是在出生時，例如在剖腹產的時候抽取的話，會否影響母親的健康？要是在出生後從胎盤裡抽取，又會冒了臍帶血受感染或混入母血的風險。

其他風險還包括了取血時的風險。

護理員為了要取臍帶血，有沒有可能忽略了照顧母嬰？

為雙胞胎取臍帶血的時候，要是雙卵雙胞胎的話，掉包的機會是不小的。

早產兒的幹細胞可能不足，取了可能將來也不夠用？

現在流行對早產兒延遲鉗臍帶的做法，可以令寶寶腦出血和需要輸血的機率減低，但這個做法也會減低臍帶血的取收率，負責接生的護理員當時應該怎樣取捨呢？

取得臍帶血後，儲藏是否合乎規格是另外一個問題。儲藏出了問題，臍帶血就會失去效力，但很多國家卻沒有嚴格的規條，管理商業性的臍帶血公司。美國沒有，香港也沒有相關法律，靠的是行業自律。

臍帶血是要儲藏一輩子的，公司要保障臍帶血一百年都不受感染，不受電力供應不足、財政問題等影響，是一件很難的事。決定儲不儲是個人的選擇，也是一個不容易的抉擇。

後記

寶寶出生後的第一年，對父母來說，是沒有休假的三百六十五日。

但在這短短的三百六十五日，會決定寶寶一生人大部分的綱領，父母辛苦點也是值得的。

說了那麼多，到頭來，什麼才是最重要的呢？

隨著科學的進步，心理學的研究日新月異，但越來越多專家指出，到頭來，對零至十二個月的嬰兒，最重要的就是「愛」。

這並不是創新的道理，而是千

古以來的真理，科學只是為這個真理作出鑑定。

無限量的愛，無條件的愛，無時無刻的愛，永無止境的愛……

人類最大的力量就是可以去愛人。這份力量是沒有人能奪走的。

父母可以給予嬰兒最大的力量就是母愛、父愛。

對嬰兒的腦袋最大的營養，就是和人的交流。

他需要得到迅速的回應，感受旁邊的關懷，從中得到各種的刺激，才能正常的成長，過健康的生活。

人類的嬰兒如果得不到大人的照顧，絕對不能生存。單純只供給營養，但沒有肌膚接觸或五官的刺激的話，嬰兒腦袋會停頓，智能降低，身體運作受阻，不能過一個滿足的人生。

千萬不要低估愛的能力，因為「愛」就是人類最基本的動力。

到頭來，一定要有大人的「愛」，孩子才能真正的站在起跑線。若希望孩子長大後出人頭地的話，父母和照顧者的「愛」才是真正能推動孩子的能量。

相信自己的愛，用你的愛去培養、鼓勵和協助你的孩子，踏上人生的跑道吧！

多謝大家閱讀這本書，請傳給你身邊的父母和照顧者，擴大愛的回響。